事業再生研究叢書22

待ったなしの中小企業事業再生を考える

事業再生研究機構［編］

商事法務

はしがき

　本書は、当事業再生研究機構が2024年5月25日に行った「待ったなしの中小企業事業再生を考える―金融機関も本格的な事業再生・廃業支援が求められる時代に―」をテーマとしたシンポジウム（以下「本シンポジウム」といいます）の内容に加え、有識者の方からご寄稿いただいた中小企業事業再生に関する論考をとりまとめたものです。

　2024年はコロナ禍における制度融資の返済開始がピークを迎える一方、中小企業事業再生への配慮を欠いた公租公課による滞納処分も散見されるようになりました。こうした中、金融庁は監督指針を改正し、金融機関が顧客企業の経営改善支援や事業再生支援を先延ばしせずに積極的に取り込むこと、また、必要に応じて外部専門家や外部機関等と連携・協働することを求めています。本シンポジウムでは、こうした金融環境の変化を受けて、「待ったなしの中小企業事業再生」において求められるノウハウ、課題と解決策、外部機関等との連携の在り方等について考察いたしました。

　本書は、第1編「シンポジウムの概要」において、再生実務の第一線に立つ弁護士・公認会計士および金融実務に精通したパネリストによる本シンポジウムを紙上再現しています。まず第1部「中小企業の事業再生手続の概要」では、①中小企業の事業再生等に関するガイドライン、②中小企業活性化協議会スキーム、③特定調停および④経営者保証に関するガイドラインの概要説明と事例に基づく検討に加えて、⑤各スキームでの税務上の取扱いの比較や留意点について取りまとめております。特に、中小企業の事業再生等に関するガイドラインについては、再生型、廃業型、再生型を模索したものの後に廃業となったケースをそれぞれ紹介しており、実務上の参考になるものと思われます。また、第2部「パネルディスカッション」では、窮境企業を想定して、再生および廃業の双方の視点において各スキームの手続選択や留意点について活発に意見交換がなされております。また、計画前事業譲渡を選択せざるを得ないケースの増加や滞納公租公課の

はしがき

積み上がりを通じた破産ケースの増加といった実情への懸念が共有されるとともに、金融機関の立場から中小企業事業再生に取り組む上での留意点・心構えといった点も示され、今後の実務に大いに役立つものと期待されます。

　第2編では、倒産・事業再生分野の研究者および金融・倒産双方の実務家から寄せて頂いた、中小企業事業再生に関し幅広い論考を掲載しています。詳しくは、本書をお読みいただきたいのですが、各論考を簡単に紹介いたしますと、松下淳一教授からは、本シンポジウムの特徴の1つである廃業型スキームについて、突然死型と対置されるソフトランディング型の意義について光を当てていただきました。小林信明弁護士からは、中小企業事業再生に係る各スキームの棲み分けに関する考察とともに、中小企業事業再生に関し実務専門家および金融機関関係者双方に期待する事項が示されました。須賀一也公認会計士からは、中小企業の事業再生等に関するガイドラインに関する事例について税務会計上の分析と、中小企業事業再生に関する税務上のコメントを頂きました。2020年1月から経済産業省中小企業庁事業環境部金融課での職務に従事されていた横田直忠弁護士からは、関与された中小企業事業再生に関する政策企画についてその趣旨や意義が紹介されるとともに、これからの中小企業事業再生に関する考察が示されています。東京都中小企業活性化協議会の前統括責任者である小林信久様からは、多くの協議会手続に関わられた経験を踏まえ、協議会手続の特徴や協議会の役割・期待についてご寄稿を頂きました。さらに、東邦銀行で総合融資部長などを務められた矢吹光一様からは、これまで約50社の私的整理事案に関与された経験を振り返りながら地域金融機関による事業再生に求められる覚悟と矜持について熱いメッセージを頂いております。最後に、商工組合中央金庫の経営サポート部コンサルティング室BX支援チーム参事役の濱井耕太弁護士、同金庫クレジットオフィサー乾進一様および同金庫クレジットオフィサー水嶋浩之様からは、中小企業事業再生における早期事業再生着手の重要性とこれを実現するため金融機関ができる貢献のあり方の考察と、早期事業再生着手による自力再生を後押しするために同金庫が注力する「サザンカ中小企業活性化ファンド」、BX支援チームが取り込む「EXITファイナンス」についてご紹介頂きました。

最後に、本シンポジウムに参加・登壇いただいたメンバー各位、貴重な論考をご寄稿くださった有識者の方々、本シンポジウムの研究母体の座長と本シンポジウムのコーディネーターという重責を果たして頂いた、四十山千代子弁護士（事業再生研究機構専務理事　アンダーソン・毛利・友常法律事務所外国法共同事業）、本シンポジウムの運営にご尽力いただいた飯泉拓野さん、新井桂さんをはじめとする（公社）商事法務研究会の皆さま、出版にご尽力いただいた浅沼亨さん、池田知弘さんをはじめとする㈱商事法務の皆さまに心から感謝申し上げます。

2025年1月

事業再生研究機構　代表理事
弁護士　三森　仁

目　次

はしがき　i

第1編　シンポジウムの概要

第1部　中小企業の事業再生手続の概要

① 中小企業の事業再生等に関するガイドライン……………………………4

Ⅰ　概　要　4
　　　　　　弁護士　仁瓶善太郎

Ⅱ　事例紹介　12
　　　　　　弁護士　北野　知広／弁護士　仁瓶善太郎

　〔事案1〕再生型私的整理手続　13
　　　　　　弁護士　仁瓶善太郎

　〔事案2〕廃業型私的整理手続　19
　　　　　　弁護士　北野　知広

　〔事案3〕廃業型私的整理手続（当初再生型を検討していた事案）　26
　　　　　　弁護士　仁瓶善太郎／弁護士　北野　知広

② 中小企業活性化協議会手続……………………………………………34

Ⅰ　**中小企業活性化協議会スキームについて**　34
　　　　──中小企業事業再生等ガイドラインとの対比の視点で
　　　　　　弁護士　加藤　寛史

Ⅱ　**中小企業活性化協議会における再生事案の紹介と他手続との比較**　49
　　　　　　弁護士　宮原　一東

③ 特定調停 ……………………………………………………………… 61
　　　弁護士　髙井　章光
④ 経営者保証に関するガイドライン ……………………………… 76
　　　弁護士　髙井　章光
⑤ 税務会計の観点から ……………………………………………… 83
　　　公認会計士　大森　斉貴

第2部　パネルディスカッション

Part 1　再生編 ………………………………………………………… 92

〔パネリスト〕
　　　とうほう地域総合研究所理事長　矢吹　光一
　　　日本政策金融公庫中小企業事業本部東京企業サポート第二室長　吉田　行康
　　　弁護士　三枝　知央／弁護士　加藤　寛史／弁護士　仁瓶善太郎

〔コーディネーター〕
　　　弁護士　四十山千代子

はじめに　92
Ⅰ　金融機関の関与・専門家の手配　93
　1　A社の現状分析　93／2　専門家の関与　97
Ⅱ　自主再建か、スポンサー型か　102
Ⅲ　自主再建型の場合の数値基準について　108
Ⅳ　官民ファンド　109
Ⅴ　自主再建からスポンサー型に切り替える場合の留意点について　112
Ⅵ　手続選択について　113
Ⅶ　中小企業事業再生等ガイドラインを選択した場合における
　　第三者支援専門家の設定　115
Ⅷ　劣後ローンの取扱い　116

Part 2　廃業編
〔パネリスト〕
とうほう地域総合研究所理事長　矢吹　光一
日本政策金融公庫中小企業事業本部東京企業サポート第二室長　吉田　行康
弁護士　髙井　章光／弁護士　宮原　一東／弁護士　北野　知広
〔コーディネーター〕
弁護士　四十山千代子

はじめに　118
Ⅰ　廃業型手続　118
　1　自主再建型かスポンサー型か　118／
　2　スポンサー型で進める場合、再生型か廃業型か　122／
　3　廃業型の手続選択　123／4　計画前事業譲渡　125／
　5　リース債権の取扱い　132／6　単純廃業の場合　133／7　特別清算　137
Ⅱ　経営者保証に関するガイドライン　138
　1　固有債務　138　／2　自宅の処理　139／3　経営者の私財提供　140
Ⅲ　最後に　140

第2編　中小企業事業再生への視座

2024年度シンポジウムについてのコメント　145
　　　　学習院大学法学部教授　松下　淳一
本シンポジウムを聴いて　148
　　　弁護士　小林　信明
事例報告と税務に対してのコメント　160
　　　公認会計士・税理士　須賀　一也
コロナ禍における政策企画立案者の立場から　167
　　　弁護士　横田　直忠
中小企業活性化協議会手続の現場からの報告　176
　　　前東京都中小企業活性化協議会統括責任者　小林　信久

地域金融の覚悟と矜持　184
　　　　とうほう地域総合研究所理事長　矢吹　光一
中小企業の早期事業再生を促進するために　198
　　　　株式会社商工組合中央金庫経営サポート部コンサルティング室BX支援チーム
　　　　参事役・弁護士　濵井　耕太
　　　　クレジットオフィサー　乾　　進一
　　　　クレジットオフィサー　水嶋　浩之

第1編

シンポジウムの概要

事業再生研究機構主催・シンポジウム
「待ったなしの中小企業事業再生を考える」(2024年5月25日)
＊肩書は当時のものとする

第1部　中小企業の事業再生手続の概要

1　中小企業の事業再生等に関するガイドライン

弁護士　仁瓶善太郎
弁護士　北野　知広

I　概　　要

弁護士　仁瓶善太郎

　本日、第1部の冒頭においては、「中小企業の事業再生等に関するガイドライン」について、事例も交えてご紹介いたします。

　参加者の皆様は事業再生の実務に精通されている方が多いものと存じますので、既にご理解のことかもしれませんが、「中小企業の事業再生等に関するガイドライン」(以下、「中小企業事業再生等ガイドライン」といいます)に関する基本的な点も含めて概要について触れさせていただき、その後、北野弁護士とともに具体的な事例についての紹介をさせていただきます。

　まず、中小企業事業再生等ガイドラインの構成について簡単に触れさせていただきます。ご存じの方が大半かと思いますが、中小企業事業再生等ガイドラインは全体で三部構成になっております。第一部にはガイドラインの目的が記載されており、第二部に平時、有事、フォローアップ等の各段階における事業再生についての基本的な考え方が示されています。そして、第三部に準則型私的整理手続としての債務整理手続が定められています。

　〔資料1〕の下段にも記載していますが、中小企業事業再生等ガイドラインの準則型私的整理手続は、中小企業活性化協議会の再生支援に係る協議会スキームの実務を参考として作成されております。このため、中小企業事業再生等ガイド

〔資料１〕

> ANDERSON MŌRI & TOMOTSUNE
>
> **1. 中小企業の事業再生等に関するガイドライン**
>   **（１）本ガイドラインの構成**
>
> ◆ 三部構成
>   ➢ 第一部「本ガイドラインの目的等」
>   ➢ 第二部「中小企業の事業再生等に関する基本的な考え方」
>   ➢ 第三部「中小企業の事業再生等のための私的整理手続」
>   → 第三部が中小企業についての準則型私的整理手続を規定
>
> ◆ 本ガイドライン（再生型）の手続の流れと中小企業活性化協議会による再生支援との関係
>   ➢ 本ガイドライン（再生型）の大きな流れは、協議会スキーム(※)における実務を参考にして策定されており、手続の大枠の流れ（計画案の内容、成立要件、手続開始から計画成立までの手続の流れ）は協議会スキームと同様である
>
> ※中小企業活性化協議会実施基本要領 分冊2「再生支援実施要領」に基づく準則型私的整理手続

ラインの再生型手続は、その手続の流れや計画案の内容等について、協議会スキームと共通しています。

　他方で、中小企業事業再生等ガイドラインと協議会スキームの間には幾つか差異も存在します。ここでは、この後の事例で紹介する点も踏まえて、〔資料２〕に手続開始プロセスの差異から税務会計上の取扱いの差異まで、５つの相違点を挙げておりますが、それぞれについて言及させていただきます。

　まず１点目、手続開始のプロセスについてです。ご高承のとおり、中小企業事業再生等ガイドラインでは、事業者が自ら、外部専門家と相談して第三者支援専門家を選定し、その上で主要債権者の同意を得て選任された支援専門家が手続を開始します。

　〔資料３〕の左側に、その後の手続の流れを記載させていただいておりますが、これらの手続の遂行についても中小企業活性化協議会の専門家がこのプロセスのサポートを行うのではなく、事業者および事業者が依頼するアドバイザーで

〔資料２〕

```
1. 中小企業の事業再生等に関するガイドライン
（2）本ガイドラインと協議会スキームの相違点

① 手続開始プロセスの差異

② 廃業型の準則型私的整理手続の存在

③ 支援対象の差異

④ プレ再生計画の許容性

⑤ 税務会計上の取扱いの差異
```

ある外部専門家が、第三者支援専門家と連携しつつ、金融調整等を含めて、主体的に進める必要があります。この点については、後の事例紹介でも少し触れさせていただければと思います。

あわせて、この支援専門家の選任に関連して、第三者支援専門家候補者の所在地の地域差についても少し触れさせていただきます。ご存じのとおり、第三者支援専門家の選任に当たっては、原則として、中小企業活性化全国本部ないし事業再生実務家協会が公表しているリストから選任する必要があります。現時点では、このリストに掲載されている専門家の数には地域差があり、東京や大阪には多くの候補者が存在する一方で、候補者が存在しない地域もあります。支援専門家の所在地は特に手続利用の要件にはなっているわけではなく、現時点では、実務上は、地方の案件でも、例えば東京、大阪を含む大都市の先生が、遠方であっても支援専門家として選任されるという事案も多いものと理解しています。

このように、遠方の専門家が第三者支援専門家として選任される場合に、物理

〔資料３〕

```
ANDERSON MŌRI & TOMOTSUNE

1. 中小企業の事業再生等に関するガイドライン
（3）協議会スキームとの差異 － ①手続の開始プロセス
```

- 再生型私的整理の開始
- 一時停止の要請（※）
- 事業再生計画案の立案
- 第三者支援専門家による計画案の調査報告
- 債権者会議の開催
- 事業再生計画の成立/モニタリング

➢ 中小企業者による
 ・ 外部専門家への相談
 ・ 第三者支援専門家候補者の選定
 ・ 主要債権者への再生型私的整理手続の検討の申出
 ・ 主要債権者からの第三者支援専門家選任に係る同意の取得
 ・ 第三者支援専門家への支援の申出

➢ 第三者支援専門家による（主要債権者の意向も踏まえた上で）支援等の開始

再生型手続開始にあたり、中小企業者が、第三者支援専門家候補者を選定し、主要債権者から同意を得ることが必要とされ、第三者支援専門家が支援等を開始する。

※手続の開始前に元本返済の一時猶予などを要請することは妨げられない（本GL – Q45）

的な会議のみですと実際問題として債務者や金融機関と頻繁に会議を行うということは難しくなるわけですが、この点で実務上はリモート会議システムを利用して頻繁に打合せを行っているケースも多いものと理解しております。

　スライドにも記載しましたが、2024年１月に行われた中小企業事業再生等ガイドラインＱ＆Ａの改定でも、ウェブツールを使っての債権者とのコミュニケーションについて、〔資料４〕の下線の部分の加筆がなされて、オンライン会議等を通じて機動的なコミュニケーションを図るようにということが明示されており、こうしたリモート会議システムを利用して債権者とのコミュニケーションが円滑に行われることが期待されています。

　また、地域差の問題に対応するために、2024年１月の中小企業事業再生等ガイドラインＱ＆Ａの改定によって、第三者支援専門家の認定要件の拡充等も行われたところです。

　続きまして〔資料５〕に進みます。協議会スキームとのもう１つの大きな違い

〔資料４〕

> ANDERSON MŌRI & TOMOTSUNE
>
> **1. 中小企業の事業再生等に関するガイドライン**
> **（３）協議会スキームとの差異 － ①手続の開始プロセス（続）**
>
> 活性化協議会は、各都道府県に存在するのに対し、第三者支援専門家候補者の所在地に現時点では地域差がある点について：
>
> ◆ 遠方の第三者支援専門家が選任される場合
> > 本GL-QA Q32「第三者支援専門家はどのような方法で選任すればよいでしょうか」
> > …（略）… なお、必要に応じて遠方の第三者支援専門家を選任する場合も考えられます。その場合、手続開始前後も含め、必要に応じてオンライン会議等を活用し、機動的にコミュニケーションを行うことが望ましいでしょう。
>
> ◆ 令和6年1月改訂による第三者支援専門家の認定要件の拡充等
> > 本GL-QA31、33-2、33-3の改訂、例えば：
> > ✓ 本GL-QA33-2「第三者支援専門家補佐人の役割とはなんですか」
> > …（略）… 第三者支援専門家が遠方の案件に携わる場合、当該地域の専門家を選任する等の対応も考えられます。
> > ✓ 本GL-QA33-3「第三者支援専門家補佐人はどのような方法で選任すればよいでしょうか。」
> > 全国本部・実務家協会が作成したリストから選任された第三者支援専門家は、指名によって個別に第三者支援専門家補佐人を選任することが可能です。選任した場合は、対象債権者全員への通知が必要になります。…（略）…

として、廃業型の準則型私的整理手続が定められているという点がございます。廃業型の債務整理手続としては、例えば日弁連が定める特定調停スキーム等がありますが、協議会スキームには廃業型の手続は定められておりませんでした。この点、中小企業事業再生等ガイドラインに廃業型の手続が定められたことで、廃業時にはこれを利用することができるようになりました。この後の事例紹介でも廃業型の事例に触れさせていただきます。

　ここで廃業型における第三者支援専門家の選任の時期について触れさせていただきます。廃業型手続の主な流れというのは〔資料５〕の左側に示しているとおりで、流れ自体は再生型手続と大きく相違するものではありませんが、再生型の場合は、第三者支援専門家が手続開始当初から選任されることが前提となっております。一方で、廃業型の場合は、規定上は手続の開始時に第三者支援専門家を選任することは必要的ではなく、弁済計画案の作成後に選任することが認められています。

〔資料５〕

```
1. 中小企業の事業再生等に関するガイドライン
　（3）協議会スキームとの差異 － ②廃業型の準則型私的整理

廃業型私的整理の開始
　↓　　　　　　　　　　➤ 中小企業者による
一時停止の要請　　　　　　・ 外部専門家の選任
　↓　　　　　　　　　　　・ 主要債権者への廃業型私的整理手続の
弁済計画案の立案　　　　　　　検討の申出
　↓
第三者支援専門家による計画案の調査報告　　➤ 外部専門家による（主要債権者の意向も踏ま
　↓　　　　　　　　　　　　えた上での）支援等の開始
債権者会議の開催
　↓　　　　　　　　　　廃業型では、第三者支援専門家の弁済計画案の調査
弁済計画の成立　　　　　　段階での選任が許容されている。

本ガイドラインには、廃業型の準則型私的整理手続が規定されている。
```

　しかしながら、〔資料６〕にありますとおり、このことは第三者支援専門家を手続の初期段階から選任してはいけないということではなく、Q&Aでも明示されていますが、廃業型であっても、弁済計画案を作成する前段階から、第三者支援専門家を選ぶことが否定されているわけではありません。

　〔資料６〕にもありますが、2024年１月の中小企業事業再生等ガイドライン改定で、廃業型でもスポンサーへの事業譲渡等を前提とする場合には、弁済計画案の作成前に第三者支援専門家を選任することが必要とされていますので、この場合には第三者支援専門家を早期に必要的に選任することになります。実際には、弁済計画案の作成後に第三者支援専門家に内容を報告したり、あるいはその点について協議したりするということよりも、その前に協議等を行って内容を調整して作成を進めたほうがよい事案も少なくありませんので、事案ごと事情によりますが、廃業型であっても早い段階で第三者支援専門家とコンタクトを取り、あるいはその選任を進めるほうが望ましい事案も少なくないと理解しており、こ

〔資料６〕

の点についても後の事案でまた触れさせていただきます。

その他、先ほど申し上げた相違点について〔資料７〕で触れています。まず、〔資料７〕の③支援対象ですが、中小企業事業再生等ガイドラインでは、例えば学校法人とか社会福祉法人といった法人でも対象とされ、協議会スキームよりも広範な法人がカバーされています。このため、こういった法人を対象として手続を進めたい場合には協議会スキームでなく中小企業事業再生等ガイドラインを利用するということになるかと存じます。

続いて、④プレ再生計画の許容性ですが、協議会スキームでは、直ちに数値基準を満たす計画が作成できなかったとしても、これを満たさない計画として暫定的にプレ再生計画の作成が認められています。一方で、中小企業事業再生等ガイドラインでは、数値基準を満たさない計画は、少なくとも中小企業事業再生等ガイドラインに基づく再生計画とは認められません。したがって、この点は手続上の差異と言えるかと思いますが、実際問題、中小企業事業再生等ガイドラインで

〔資料7〕

```
ANDERSON MŌRI & TOMOTSUNE

1. 中小企業の事業再生等に関するガイドライン
  （3）協議会スキームとの差異 – ①手続の開始プロセス（続）

③ 支援対象
  ➢ 本ガイドラインにかかる私的整理手続は、学校法人や社会福祉法人など会社法上の会社でない法
    人や、中小企業基本法第1条第1項の要件に形式上該当しない場合でも、その事業規模や従業員
    数などの実態に照らし適切と考えられる場合に利用できるものとされている。

④ プレ再生計画の許容性
  ➢ 協議会スキームでは、直ちに数値基準を満たす再生計画を策定することが困難な場合に、債権放
    棄等を要請する内容を含まない、暫定的なリスケジュール計画を内容とするプレ再生計画の策定
    が可能である。
  ➢ 本ガイドライン（再生型）では、小規模企業者の例外（GL Ⅲ4項（4）②）を除き、数値基準を満
    たさない事業再生計画は、本ガイドライン（再生型）に基づく事業再生計画とは認められてい
    ない。なお、プレ再生計画は、数値基準を満たさないため再生型に基づく事業再生計画とはいえ
    ないものの、再生型に準じた手続により同内容の計画を成立させることは可能であると考えられる
    （「中小企業の事業再生等に関するガイドラインのすべて」131頁）。

⑤ 税務会計上の取扱い
```

　手続を始めて、手続を進めてみたら数値基準を満たす計画がつくれなかったというケースも実務上は少なくないものと理解しています。そのような場合に、異なる手続を開始して全てやり直すことは非効率ですので、中小企業事業再生等ガイドラインに基づくものではないものの、これに準じた手続として債権者の皆さんの同意を得ることで計画を成立させるという方法も一案としては考えられるところかと理解しており、また、そういう実例もあるものと仄聞しています。

　最後、⑤税務会計上の取扱いと記載しましたが、この点については、中小企業活性化協議会では中小企業再生支援スキームを利用して企業再生税制の適用を受ける余地がある一方で、中小企業事業再生等ガイドラインではこれを利用できないという差異がありますが、これらの詳細については、後の先生方のご説明でも触れられるかと思いますので割愛させていただきます。

Ⅱ　事例紹介

弁護士　北野　知広
弁護士　仁瓶善太郎

仁瓶　続いて、具体的な事案を3例ご紹介いたします。いずれも中小企業事業再生等ガイドラインで手続を進めた事案でございまして、〔事案1〕が再生型、〔事案2〕、〔事案3〕が廃業型の事案になります。〔事案2〕以降、北野弁護士とともにご説明を差し上げますが、〔事案1〕について、引き続き当職からご説明させていただきたいと思います。なお、ここでご紹介する事案は実際の数値等を用いたものではなく架空のものですので、その点、ご了承ください。

〔事案1〕再生型私的整理手続

弁護士　仁瓶善太郎

　まず、〔事案1〕になります。再生型私的整理手続とありますが、ここに挙げました事案は、具体的には、金融債権者が一定数いらっしゃって、かつ、それなりに複雑な論点もある中で、金融機関調整が相応に大変だろうと考えられたものの、再生型の中小企業事業再生等ガイドラインを利用したという事案です。

　〔資料1〕に会社の概要を記載していますが、システム関連の会社です。システムといっても、コンピュータを組み合わせて実際に物をつくって納める会社をイメージしていただければと思います。

　従業員の数は、200名程度と比較的大規模な所帯の会社です。また、金融機関10社から14億円程度の借入れをしておりまして、金融機関数はそれなりにあったという事案を想定しています。

　右側に窮境原因を記載しており、業歴6年ぐらいで、比較的業歴が浅い会社ではあるけれども、製品についてお客さんからの引き合いも強く、どんどん業容を拡大していったというような背景がまずあります。

　その後、事業を拡大する中で人を雇わなければならず、人件費が増大していったところ、コロナ禍によるダメージで業績が傾き、利益率が下がり財務的に苦しい状態になってしまいました。以上が、大まかに言えば窮境原因の背景です。

　ただ、会社の事業が先端的なもので、取引先等からも出資や提携の提案があり、取引先等から出資等を受ければ何とか乗り切れるだろう、少なくとも私的整理に入るようなことは想定できないという状況がしばらく続きました。しかしながら、その期間に出資に関心を示す企業はあっても、実際に具体的な話に進んだりする企業はなく、その間どんどん資金繰りが悪化していってしまったという状況にありました。

　最終的に、資金ショートが迫ってきた段階で、相手を絞ってＭ＆Ａを成立させるべく交渉を進めたものの、これが決裂したことによって資金繰りが一気に現実

〔資料１〕

```
事案1：再生型私的整理手続

■ 会社概要
  ① 業種
     システム関連会社
  ② 代表者
     創業者
  ③ 従業員数
     約200名
  ④ 直近の売上高
     約2000百万円／年
     （不適切会計の調査前の数値）
  ⑤ 直近の営業利益
     約15百万円／年
     （不適切会計の調査前の数値）

■ 依頼者の意向（相談時の要請）
  ・ 資金繰りの維持
  ・ スポンサー支援の獲得と事業の維持継続

■ 対象金融機関及び金融債務額
  ・ 金融機関10社：約1400百万円

■ 担保設定状況
  ・ 不動産担保

■ 連帯保証人
  ・ 創業者

■ 窮境原因の概要
  ➢ 売上規模の拡大に対応するための固定費（人件費）の増加
  ➢ 案件受注後の追加作業の発生による利益率の大幅な低下（コストオーバーラン）
  ➢ 不適切な会計処理
  ➢ その他の外部要因（コロナ禍による販売機会の逸失、材料不足による納期の遅延、主要取引先企業の倒産等）

■ 直近の実態B/S, P/L（調査前の数値）
  ➢ 簿価B/S 約100百万円
  ➢ 実態B/S 約▲1200百万円
  ➢ 2020年度：売上 約2200百万円／年、営業利益 4百万円
  ➢ 2021年度：売上 約1500百万円／年、営業利益 ▲90百万円
  ➢ 2022年度：売上 約2000百万円／年、営業利益 15百万円

  ★ 資金繰りのショートが目前に迫っている状況であった
  ★ 支援に関心を持つ企業は多かったが、不適切な会計処理があり会計上の数値の正確性について初期段階で確認ができず、このことを理由にスポンサーがつかない、あるいは、十分な譲渡価格が提示されない可能性も相応にあった
```

的に危ないという状態に直面し、経営陣として慌てて我々のほうに相談に来たという事案です。

ご相談に来たときには、もう翌月の給与支払いとか、あるいはもう約定弁済もできないという状態でしたので、これをいかに乗り切るかがイシューになりました。

〔資料１〕の右下に、この事案の問題点をまとめています。まず１つ目に示すとおり、眼前に資金繰りのショートが迫っており、直ぐに資金を調達してこなければ、事業が継続できないことは明白でした。また、２つ目は、先ほど申し上げたように、支援に関心を示すスポンサー候補ないしは取引先が多かったので、金融債務をカットできればスポンサーはきっと出なくはないだろうと思われたのですが、その時点で会計上不適切な処理が行われていたことが分かっていたので、不適切会計の問題を解明しなければ、正しい財務実態が把握できず、スポンサー

〔資料2〕

事案1：再生型私的整理手続

■ 事業再生計画成立までのスケジュール

相談前	（M&Aによる買い手候補の探索）
1月上旬	初期相談（弁護士の関与開始）・資金ショートの可能性を把握
1月中旬	（再生型GL手続開始前の）一時停止の通知・再生型GL手続の利用の検討を開始
1月中旬～	スポンサー選定手続開始
1月中旬	（GL手続開始前の任意の）金融機関説明会
1月中旬	プレDIPファイナンスの実行
1月下旬～2月上旬	主要債権者にGLの手続の利用を申請、了解を得る
2月上旬	第三者支援専門家による支援開始の決定、対象債権者に再生型GLの一時停止通知
2月上旬	債権者会議（キックオフ会議）
2月～3月末	契約交渉・財務DD・不適切会計にかかる調査の実施
4月上旬	債権者会議（スポンサー選定の状況の説明、財務DD報告書ドラフトの提出）
4月上旬	スポンサー契約（事業譲渡契約）の締結
5月下旬	債権者会議（再生計画ドラフト、財務DD報告書修正版の提出）（債権者には事前説明済み）
6月上旬	債権者会議（再生計画等最終版、第三者支援専門家の調査報告書の提出）
6月末	事業再生計画の成立、スポンサー契約のクロージング、保全債権者への弁済
7月末	非保全債権への基本弁済の実施

との間での契約締結も、金融機関から同意を得ることも難しいと考えられました。これをいかに迅速に解決するかが問題となりました。

　前提が長くなりましたが、これらの問題意識を踏まえて、〔資料2〕の全体のスケジュールをご覧いただきながら、本件で特に検討、問題になった点を3点ほど挙げさせていただきます。

　1点目、手続の開始時の状況ですけれども、資金繰りが相当不安定でしたので、なるべく迅速に進められる手続のほうがよいと考え、相対的に迅速に進められるだろうと認識をしていた中小企業事業再生等ガイドラインを選択することにいたしました。もっとも、相談を受けた時点で資金繰りはあと1カ月でショートする状態でしたので、これに対処するためにまず一時停止を打たなければならなかったところ、中小企業事業再生等ガイドラインを進めるといっても、〔資料2〕ではご相談に来た時を0月と仮定して1月、2月と仮の数字を打っています

〔資料３〕

```
事案1：再生型私的整理手続

■ 再生型手続遂行にあたってのポイント・問題点

　➤　資金繰りと一時停止の要請の時期（手続開始前の一時停止の要請）：
　・依頼者から相談があった時点で、資金繰りが１ヶ月以内にショートすることが想定される状況であった。
　・その時点で、再生型GLの手続利用について、主要債権者に相談する時間的余裕すらないと考えられたため、手続開始前の一時停止の要請を行い、資金維持を図ることとした。
　・手続開始前の一時停止の要請と同時期に、債権者会議を開催し、後に対象債権者となる金融機関に対し、資金繰りの状況を開示して、その維持のために現時点で金融債権者に一時停止の要請に応じて頂く必要があること、状況が整い次第速やかに再生型GLの利用を検討していることを説明した。

　➤　プレDIPファイナンス：
　・依頼者から相談があった時点で、金融債権者への弁済を停止したとしても、新規に資金調達をしなければ、資金繰りのショートは避けられない状況であった。
　・プレDIPレンダーとなる金融機関との間で、プレDIPファイナンスについて交渉した上で、上記の債権者会議において、対象債権者となる金融機関に対し、資金繰り維持のためにプレDIPファイナンスを受ける必要があることを説明し、その後一定期間をかけてプレDIPファイナンスを受けることについて意向の確認を行った。
　・かかる意向確認の過程を踏まえて、特段異議がないことを確認した上で、金融機関からプレDIPファイナンスを受け、資金繰りを維持した。
```

が、主要債権者とのご相談の時間も必要ですし、また、そもそも第三者支援専門家候補者とのお話もできていない状態なので、手続をすぐ開始することは難しいということで、まずは中小企業事業再生等ガイドラインに入る前の、いわば純粋私的整理としての任意の一時停止を打たせていただいて、その上で、その後、速やかに中小企業事業再生等ガイドラインを始める予定であることをご説明して、その後に、手続を開始する流れで手続を進めました。

〔資料２〕の１月中旬に中小企業事業再生等ガイドライン手続開始前の任意の金融機関説明会と書いてありますが、これが一時停止を送付したタイミングで、その後、資料に示すとおり、２月上旬に手続が開始されました。

また、２点目として、〔資料３〕にありますとおりプレDIPファイナンスで資金調達した点について触れさせていただきます。先ほど申し上げたように資金ショートが迫っている状態でしたので、約定弁済を止めたとしても外部からの資

〔資料４〕

事案１：再生型私的整理手続

➢ スポンサー選定手続：
  ・ プレDIPファイナンスを受けてもなお、資金繰りが維持できなくなる危険は残っていたため、スポンサー選定手続を急ぐ必要があった。このため、上記の債権者会議後速やかに、再生型GLの手続開始に先行して、スポンサー選定手続を開始した。
  ・ スポンサー選定を急いだ一方で、不適切な会計処理の影響もあって財務状態の実態の把握が難しく、スポンサー候補から提示された価額で、数値要件を満たす事業再生計画が立案できるのか（プレDIPファイナンスの弁済と清算価値を上回る非保全債権の弁済ができるのか）確信が持てない状態であったため、公認会計士の先生のご協力を得て、清算価値の把握を急いで頂いた。
  ・ スポンサー候補が翻意する可能性もあったので、スポンサー候補からの提示額で数値要件を満たす計画の立案が可能であることの確認できてからは、債権者会議での説明を事前に行った上で、早期に契約を締結した。

➢ 不適切な会計処理（外部専門家による調査と第三者支援専門家による確認）：
  ・ 過去の決算に不適切な会計処理が認められ、事業再生計画の立案にあたってはこの原因を究明することが必要と考えられた。多数の対象債権者からもこの点の解明を求められた。
  ・ このため、手続の当初より、第三者支援専門家に状況をご報告しつつ、外部専門家である公認会計士において、数値面の解析を進めると共に、弁護士において、インタビュー含む調査を行ってその内容と原因の解明を行い、再生型GLの手続開始から２ヶ月程度で、その内容の報告を金融機関に行った。
  ・ 金融機関ないし第三者支援専門家（弁護士・公認会計士）の先生方からのご質問やご指摘も頂き、これを踏まえて更に不足している点について補足の調査を進めた。

■ 事業再生計画案の概要
  ➢ 事業譲渡代金からプレDIPファイナンス、公租公課等の弁済後の残額を弁済原資として、保全債権者への弁済及び非保全債権者への約３％の弁済率での基本弁済（被保全残高プロラタ）。残りの資産の処分等を進め、特別清算。追加の弁済原資があれば、特別清算手続の中で追加弁済を行い、残額の免除を受ける想定。

金調達がなければ事業が続けられず、ご相談があった当初から速やかにプレDIPファイナンスを受けるべく、即時に金融機関とDIPファイナンスの交渉を進めました。

ご存じのとおり、プレDIPファイナンスを受けるとなると、事案にもよるかとは思いますが、その優先性や担保設定について、事前に金融機関の皆様に説明と確認が必要と考えられ、そのためにも、先ほど申し上げたスライドの「１月」の中旬で開催されたバンクミーティングにおいて、併せてプレDIPファイナンスについて債権者に異議がないことの確認も行いました。

３点目ですが、不適切会計の調査です。〔資料４〕にありますように、資金繰りが一時的に維持できても、プレDIPファイナンスを受けても資金繰りは厳しく、スポンサー選定を急ぐ必要がありました。スポンサーにも不適切会計の対処をしなければ、正しい貸借対照表を見極められませんのでスポンサーもつきませ

んし、また、清算価値が幾らかそもそも分かりませんので、スポンサーに幾らと提示されたとしても計画が書けるのかどうか分からず、急いでこの点を判断することが求められました。金融機関からも、会計上の何らかの問題について、しかるべく調査をすることを求められており、この点について、一緒に案件に取り組んだ会計士の先生とともに共通の認識を持って、当初よりこの点について慎重かつ迅速に調査することを最重要の課題とし、手続開始から約2カ月後、スケジュールの「4月上旬」とある欄の債権者会議において、財務デューデリジェンスと共に過去の不適切会計の調査結果を含む報告を行いました。報告の内容については当然多数のご質問等をいただきましたので、それに応えるべく追加の調査等を行って、最終的には6月の末、6カ月程度で事業再生計画の成立までこぎ着けたことになります。

　こうした論点があるために、恣意的に外部専門家が第三者支援専門家を選定したと言われることを可及的に防ぐべく、金融機関には複数の外部専門家候補をご提示し、金融機関より、その中から誰が望ましいかといったご意向があるか、確認する方法をとりました。

　以上のとおり、多数の金融機関が関与していたために、金融機関のご懸念への対応等が相当負担のかかる事案ではありましたが、最終的に、ご相談を頂いてから約6カ月、中小企業事業再生等ガイドライン手続の開始からは4カ月半程度で、計画が成立しました。

　個人的な感想として、このケースだとメインの強力な金融機関がいらっしゃらなかった、あるいは金融機関も多数に及んでいて、金融調整が複雑な事案ではありましたが、最終的には金融機関のご懸念に対応した形で短期間のうちに計画を成立させることができました。このように多数の金融機関が対象債権者となるような事案でも、それなりに有用性があるのではないかということでご紹介を差し上げた次第でございます。ただ、その調整において中小企業活性化協議会からのサポート等を得られないということはありますので、迅速に手続を進めるためには、金融機関の懸念やニーズに対応するために、外部専門家が相応に労力を割いて主導しなければいけないということを改めて感じた事案でした。

〔事案2〕 廃業型私的整理手続

弁護士　北野　知広

　〔事案2〕の廃業型私的整理手続の事案についてご説明いたします。ご紹介する事案は、〔事案1〕のようなある程度規模の大きなものではなくて、とてもとても小さい会社の単純な廃業の事案です。従来であれば恐らくこのような事案の処理は破産手続しかなかったと思いますが、それを回避して依頼者にとても喜んでいただけましたし、配当率も破産よりもよくなった事案です。まさに廃業型の中小企業事業再生等ガイドラインがあることによってうまくいった事案かなと思いますので、ご紹介をさせていただきます。

　何をやっている会社かというと、イタリアなどの海外の生地生産者と日本国内のアパレルメーカーの間に入って、生地の紹介・仲介する仕事をかなり昔から行っていらっしゃいました。

　代表者は創業者の息子さんで、従業員は3名程度、売上高も〔資料1〕に記載されている金額で、貸借対照表、損益計算書も右下のほうに記載をしているぐらいの規模で、とても小さい会社さんです。

　窮境原因としましては、中国製の安価な製品の輸入の増加によって、イタリアとかの高級生地を使った洋服がだんだん売れなくなってきているとか、コロナ禍によってさらに消費が低下したとか、そのような理由から、こちらの会社が扱っていた商品の規模がどんどん小さくなっていったということがありました。

　本件の債権者は、直近で約2000万円のコロナ融資をした政府系金融機関1社と、リース会社1社でした。リース会社は複合機のリース物件があっただけという状況です。

　依頼者のご意向としましては、このままずっと続けていても資金の流出があるだけで、その資金もご親族、創業者（現代表者の父親）が出されていたということでしたので、このままそういうことを続けていくのはよくないだろうということで、廃業、清算をしたいというご意向でした。ただ、お客さん、取引先へ迷惑

第1編　シンポジウムの概要

〔資料１〕

```
事案2：廃業型私的整理手続

■ 会社概要
  ① 業種
       繊維輸入（海外の生地生産者と本邦内の
       婦人服製造者との仲介業）
  ② 代表者
       創業者の息子
  ③ 従業員数
       3名
  ④ 直近の売上高
       15百万円／年
  ⑤ 直近の営業利益
       ▲27百万円／年
■ 依頼者の意向
    事業の廃止（廃業／清算）
    顧客・取引先へお掛けする迷惑の最小化
■ 対象債権者及び債権額
    政府系金融機関：1940万円（コロナ融資）
    リース会社：179万円
      （上記2社のみ）
■ 担保設定状況
    リース物件（複合機）のみ
■ 連帯保証人
    社長（リース債務のみ）

■ 窮境原因の概要
  ➢ 中国製の安価な製品の輸入の増加により、取扱商品（欧州
    製の高級生地）の競争力の低下
  ➢ 消費マインドの冷え込みによる高級商材の競争力の低下
  ➢ コロナ禍によるさらなる消費の低下
■ 窮境に至る経緯
  ➢ 消費者の消費マインドの縮小
  ➢ 中国製の安価な製品の輸入の増加
  ➢ 中国製の製品の品質向上（債務者の扱っていた欧州製の生
    地と品質において引けを取らないようになってきたこと）
  ➢ 直近の２年間は，コロナ禍による消費の冷え込みや原料高
■ 直近の実態B/S,P/L
  ➢ 簿価B/S▲31百万円
  ➢ 実態B/S▲35百万円
  ➢ 2019年度：売上41百万円／年、償却前営業利益▲13百万円
  ➢ 2020年度：売上24百万円／年、償却前営業利益▲19百万円
  ➢ 2021年度：売上15百万円／年、償却前営業利益▲27百万円

  ★　とても小さな法人の単純廃業案件
```

をかけるのは最小限にとどめたいという意向があった案件です。

　〔資料２〕では、廃業スキームのポイント・問題点を幾つか書かせていただいています。２つ目の矢印のところですが、早期の廃業が資金流出を防ぐためには望ましかったもののも、突然破産となると、海外の取引先や国内の取引先への迷惑が大きくなる、そうすると、回収サイトが長期である海外向けの売掛金の回収に支障を来すということが見込まれました。

　こちらの会社の売掛金は、回収サイトが６カ月程度です。海外から生地を輸入して、その生地がイタリア等のメーカーから国内のアパレル会社に売られる。売られて代金決済された後、さらに一定期間後にこちらの依頼者が手数料収入を得るというもので、回収サイトは長くなっていました。このことに加え、海外向けということで、破産になったときには回収見込みはかなり厳しいという問題がありました。

〔資料2〕

> **事案2：廃業型私的整理手続**
>
> ■ 廃業スキームのポイント・問題点等
> ➢ ここ数年、赤字経営が続いており、赤字幅も大きくなっていた。以前は無借金経営であり、会社及び創業者の現預金を切り崩して事業を継続していたが、コロナ禍によりさらに業績が悪化し、コロナ融資を受けることに。しかし、元々厳しい業績であったことから、このままでは早晩資金破綻すること（創業者の資金も底をつくだけになること）が見込まれた。
> ➢ 資金流出を防ぐためには早期廃業が望ましかったが、突然の破産となれば、海外取引先及び国内得意先への迷惑が大きくなり、これにより、回収サイトが長期である海外向けの売掛金の回収に支障を来たすことが見込まれた（回収サイトは6か月程度。海外から輸入して本邦内の婦人服製造者に販売され、決済された後、さらに一定期間後に債務者に仲介手数料収入が入ってくるため。）。また、破産による関係者への迷惑を避けたいとの思いが強い創業者（社長の父親）の理解も得られず、家族関係に遺恨を残すことが懸念された。
> ➢ その頃、廃業型GLができたことから、同手続を利用し、<u>既存取引は履行し、また、海外取引先と国内取引先を結びつけるなどしながら、事業を段階的に縮小していくことで、関係者に迷惑をかけず、売掛金（海外の生地生産者からの手数料収入）を回収して破産よりも有利な弁済を実現することを企図した。</u>
> ➢ これを実現するため、<u>従業員は早期に解雇し、本社事務所を早期に明け渡し、経営者（とその家族）が自宅で業務をすることになった。経営者（とその家族）は、海外取引先と国内得意先との調整をし、また、売掛金を回収しつつ、清算に向けた準備を行った。これにより海外取引先から売掛金を回収することが可能となり、債権者への弁済額を極大化できた。</u>
> ➢ 以上の流れを想定して、<u>顧問税理士と共同して資金繰りや清算配当率をシミュレーションをした結果、事業を縮小してキャッシュアウトを抑えつつ売掛金の回収を行い、廃業型GL手続において弁済する方が、現時点で破産するよりも債権者にとって経済合理性があると見込まれたことから、主要債権者の理解を得て、廃業型GL手続を利用することとした。</u>
> ➢ <u>補助金により、外部専門家、第三者支援専門家も相応の報酬を受領できた。</u>

　あと、破産で関係者へ迷惑をかけるのは避けたいというのが創業者（現代表者の父親）の強いご意向でして、依頼者はお困りでいらっしゃったという状況でした。そのまま強引に破産に持っていくと家族関係に遺恨も残るのではないかということを、依頼者はとても心配しておられました。

　その当時、ちょうど中小企業事業再生等ガイドラインができた頃で、使ってみたら何とかうまくいくのではないかと考え、手探りで始めさせていただきました。この手続を利用して既存の取引は続け、海外の取引先と国内のアパレルメーカーを結びつけたり、あるいは別の仲介していただける会社を紹介したりということをしながら、依頼者としては段階的に事業を縮小していき、関係者に迷惑をかけないように努め、売掛金もきちんと回収することで、破産より有利な弁済を実現できないかと考えました。

　そのために、会社の支出は減らさなければなりませんので、従業員は早期に解

雇して本社事務所も早期に明け渡し、経営者がご自身の自宅で業務をすることになりました。幸い、海外のメーカーと日本のアパレルメーカーと、メール等でやり取りをすることで仕事ができたので、自宅でも業務を行えました。そのようにしてキャッシュアウトを最小限にしながら債務を履行していき、清算に向けた準備を行っていきました。

　このような流れで進めた場合にどうなるかを、早い段階で顧問税理士とシミュレーションをして、資金繰り予想を作成したり、清算配当率を算出して、最終的な弁済見込額と比較していました。そうしたところ、シミュレーション上は、先ほど述べたようなことをして、事業を縮小してキャッシュアウトを抑えていくほうが破産配当より弁済を大きくできると確認できましたので、そのことを債権者にご説明して、廃業型の中小企業事業再生等ガイドラインを利用をすることをご了解いただきました。

　続いて〔資料３〕ですが、弁済計画案の概要といたしましては、事業を縮小しつつ売掛金等の資産を順次回収し、回収した資金をもって取引債務、専門家費用、税金を支払い、残額をもって対象債権者に弁済するという内容でした。

　弁済後の残債権については、弁済計画案の中で免除を受けることして、別途、特別清算を使うということなく手続を終了することができたため、手続的負担は結構軽かったと思っています。信用保証協会さんが債権者にいらっしゃったら、なかなかそうはいかないのかなと思うんですが、幸いいらっしゃらず、債権者である政府系金融機関のご理解を得てそのような手続で済ませることができました。

　これで最終的には非保全債権の配当率は30％を超えました。財務デューデリジェンス基準時の清算配当率は10％以下でしたので、大幅な弁済率の増加となりました。大幅な弁済率の増加になったのは、創業者ら親族に、会社に対する債権を放棄をしていただいたということもあったためです。この放棄も、創業者である現代表者の父親としては、破産ではなく、こういう形できれいに終わらせることができるのだったら自分の債権は回収できなくていいということでご協力をいただけたものです。自分の資産が一定毀損することになっても、こうやって円滑に廃業することを優先する方というのは一定数いらっしゃると思いますが、そ

〔資料３〕

事案2：廃業型私的整理手続

■ 弁済計画案の概要

- 事業を縮小しつつ、売掛金等の資産を回収。
- 換価回収金から、取引債務、専門家費用、税金等を支払った後の残額をもって対象債権者に対してプロラタ弁済。
- 一時停止後も金融機関には約定利息を支払っていたが、リース会社には支払いをしていなかった（リース物件は一時停止前に返却していた。）。そのため、金融機関の利息と同利率での利息相当額をリース会社に支払う内容の弁済計画案とした。
- 弁済後の残債権額については、弁済計画案の中で免除を受けることとした（別途、特別清算は利用せず）。
- 社長はリース会社にのみ保証債務を負担しており、別途、保証会社に対して弁済を行う（保証債務額が多くないことから、全額を弁済）。
- 金融債権者の非保全債権配当率30.2％。
   ※ 財務DD基準時の清算配当率は9.56％。
- 弁済計画案においては、創業者ら親族の会社に対する債権は放棄してもらったため、清算配当率を大きく上回る弁済を実現できた。廃業型GLで取引先に対する影響を最小限に進めることができたことから、創業者の理解を得ることができ、債権放棄につながった。

のような経営者の方にとっては大変使い勝手のいい手続なのではないかと感じていまして、本件では依頼者も大変喜んでいただきました。

　専門家からしても、私は外部専門家で関与させていただいたわけですが、補助金をいただくことができますので、相応の費用を頂戴することができました。破産の申立てをするよりは、きちんと弁護士費用を頂戴することができましたし、その上で金融機関の弁済率も増やすことができたので、Win-Winの結果になったと思っています。そのような意味でも、この廃業型の手続はとてもいいと思いましたので、ご紹介させていただきました。

　最後に、〔資料４〕のスケジュールですが、2021年11月に初期的な相談を受けて、中小企業事業再生等ガイドラインができるから、それを使ってはどうかということを話した上で家族会議をしていただいて、代表者、その奥さんが創業者と十分お話をされて、この手続でいいと納得いただきましたので、その手続を具体

〔資料４〕

事案2：廃業型私的整理手続

■ 弁済計画成立までのスケジュール、解散までのスケジュール等

2021年11月	初期的な相談
2022年4月	清算に向けた相談、廃業型GLの利用の検討を開始
2022年6月上旬	主要債権者である政府系金融機関に廃業型GLの手続きの利用を申請し、了解を得る
2022年6月上旬	取引先に、事業縮小を通知。以後、従業員の解雇、リース物件の返還、本社の賃貸借契約の終了等、順次事業を縮小
2022年7月1日	金融債権者に一時停止通知、同日を清算配当率算定の基準時に設定
2022年8月下旬	補助金手続申請
2022年12月5日	弁済計画案の策定、第三者支援専門家の調査報告書作成 ⇒金融債権者に送付（弁済計画は債権者と事前に口頭で協議済）
2022年12月7日	債権者会議
2022年12月21日	弁済計画案の一部修正
2022年12月26日	追加調査報告書の作成
2023年1月27日	弁済計画についての同意成立
2023年2月	第1回弁済
2023年2月28日	解散（以後、第2回弁済をし、債務免除を受けて通常清算完了）

的に４月に改めてご依頼をいただいたところです。そこから先ほど申し上げた資金繰りや事業縮小の仕方、その場合、どのような手続とか動きが必要かというのをシミュレーションした上で、６月上旬に事業の縮小を取引先に通知しながら、以後、従業員を解雇したり、リース物件を返したり、本社を明け渡したりということを一気に行いました。それと並行して、政府系金融機関に中小企業事業再生等ガイドラインの利用申請の了解を得て手続を進めました。

７月１日にガイドラインの一時停止の通知を出させていただいて、この日を清算配当率算定の基準日に設定して手続を進めていました。その後、弁済計画案の提出までに半年程度かかってしまっているのですが、これは計画案の作成が難しかったということではなく、実は補助金の申請手続に少し時間がかかってしまったということがありました。おそらく大阪で第１号の案件だったと思うのですが、そのようなこともあり少し時間がかかってしまいました。半年ぐらい経って

から計画案を策定するということですが、この間もキャッシュアウトはほぼ生じないということでしたので、これによる迷惑は特にかかってはいないとは思うのですが、もう少し補助金の手続が軽くなれば手続全体が早期に進むので、ありがたいと思うところです。

　このような事案ですが、本当に皆さんにとって良い形で事業の清算ができたと思っています。同じような会社は大阪のみならず、様々な地域でニーズがあるのではないでしょうか。特に、この会社のように、コロナまでは無借金で事業を営んでいたものの、コロナの関係で借金が多くなってしい、そのまま続けるのはちょっとしんどいという会社にとってはニーズがあると思い、紹介をさせていただきました。

〔事案３〕廃業型私的整理手続（当初再生型を検討していた事案）

弁護士　仁瓶善太郎
弁護士　北野　知広

仁瓶　続いて〔事案３〕に移らせていただきたいと思います。こちらの事案は私が外部専門家として関与しまして、北野先生が第三者支援専門家として関与された廃業型の事案でございまして、建設業を営む会社の件でございます。まず、私のほうから少しお話をさせていただきます。

〔資料１〕に同じように会社の概要を記載していますが、業種は建設業で、こちらは従業員数20名程度の小規模の建設業者です。

また、窮境原因の概要は、過去に本業と直接は関係ない開発等を行って、その損失が影響して財務状態が悪化し、また、公共事業に依存していたため、入札の結果によって業績が左右されるところがあって、受注できない時期が続くと資金繰りが悪化して非常に厳しくなってきたところでした。このような中、ご相談をいただいたという事案です。

〔資料１〕に案件初期に問題となった点を２点挙げています。１点目ですが、相談の初期段階では、依頼者と近い関係にある方、取引先等の地元企業が、スポンサーとなる強い意向を示されていました。当然ながら、依頼者はそれを聞いていらっしゃるものですから、ぜひこの企業のサポートを得て再生型で進めたいというイメージを当初描いていらっしゃいました。

ただ、ご相談の当初お話をよく聞いてみると、具体的にどうしたものを承継するとか、あるいは金額的に幾ら出せるのかとか、そうした話はまだ特に詰まっていない抽象的な状態でした。

２点目ですが、建設業で既受注の工事が存在しますので、仮に廃業になったとしても、工事期間は相当期間に及びますから、工事がいきなり中断すれば当然違約金の問題等が発生します。したがいまして、廃業して事業を停止するにしても、停止した後の工事を完遂する、あるいは第三者に承継するまでの間の手当て

〔資料1〕

```
事案3：廃業型私的整理手続（当初再生型を検討していた事案）

■ 会社概要
  ① 業種
      建設業
  ② 代表者
      創業者
  ③ 従業員数
      20名
  ④ 直近の売上高
      約500百万円／年
  ⑤ 直近の営業利益
      ▲約40百万円／年

■ 依頼者の意向
  ・スポンサーによる事業の継続
  （スポンサーが付かない場合）
  ・可及的に円滑な清算

■ 対象金融機関及び金融債務額
  金融機関5社＋リース債権者
  ・約400百万円

■ 担保設定状況
  ・不動産担保

■ 連帯保証人
  ・社長及び専務

■ 窮境原因の概要
  ➢ 過去に行った鉱山開発の損失の影響
  ➢ 公共事業への依存割合が大きく、競争環境も厳しくなる中で安定した受注が維持できず、民間での受注工事に関しても低価格競争への対応ができなかったこと
  ➢ 不安定な事業を運営する中で、本業以外に多額の投資の失敗も重なったこと

■ 直近の実態B/S, P/L
  ➢ 簿価B/S ▲約75百万円、実態B/S ▲約400百万円
  ➢ 2020年度：売上約700百万円／年、営業利益約15百万円
  ➢ 2021年度：売上約900百万円／年、営業利益約15百万円
  ➢ 2022年度：売上約500百万円／年、営業利益 ▲約40百万円

  ★ 相談の初期段階では、スポンサーとなる初期的な意向を示す事業会社が存在し、再生型の利用も考えられる状況
  ★ 既受注の工事について、適切に処理しなければ違約金等が発生することが予想されたため、これを完了する又は承継することを前提にスケジュール・スキームを考えることが必要
```

ができるタイミングでないと、少なくとも私的整理としての廃業は進められなくなってしまう。資金が枯渇してしまえば、それすらできなくなってしまうところが難しいもう1つのポイントでした。

　以上を背景に、〔資料2〕〔資料3〕にポイントと考えている点を4点ほど挙げさせていただいています。

　まず、〔資料2〕にある手続選択の判断時期について、先ほどお話ししましたとおり、依頼者としては、地元企業の支援を得て再生型で進みたいというご意向があって、実際我々もご相談を受けたときに、そのご意向に沿って進められる可能性も当然ゼロではないので、再生型を軸にプランニングを進めました。

　他方で、依頼者は、万が一うまくいかなかったときに破産することは、地元のレピュテーション等もあるので避けたいという意向も強く持っていました。このことを踏まえ、先ほど指摘した仕掛かり工事等の事情があるため、スポンサー探

〔資料2〕

> **事案3：廃業型私的整理手続（当初再生型を検討していた事案）**
>
> ■ ポイント・問題点
>
> ➢ 手続選択の判断時期
>
> ・依頼者からの相談の当初では、地元企業の一社がスポンサーになりえる状況であったことから、同社に事業を継承してもらうシナリオの実現を強く希望していた。もっとも、当該地元企業は、その時点で事業の内容を精査してはおらず、交渉を続けても最終的に同社からスポンサーとしての支援を拒絶される可能性も十分に見込まれた。
> ・廃業を進める場合も、仕掛工事について違約金発生を回避するために、可能な限り完遂し、又は他社に承継する必要があった。このため一定期間の雇用維持等が不可欠であったが、公共事業の受注に大きく依存しているため資金繰りの変動が大きく、時機に遅れると廃業を進めることも難しくなる可能性があった。
> ・こうした事情を踏まえて、資金繰り予測を現実的なものに修正してスポンサー選定期間を設定し、この期間内にスポンサーとの交渉がまとまれば再生型GLを、これがまとまらなければ廃業型GLを利用するとの方針で、スポンサーとの交渉を進めた。
> ・最終的に期限内にスポンサー支援は得られず、廃業型GLの利用を検討することとした。
>
> ➢ 手続選択と手続開始前の一時停止の要請
>
> ・資金繰りを維持するため、金融機関に対して速やかに一時停止を要請する必要があった。もっとも、その時点で、再生型で進めるか、廃業型で進めるかを決定できない状態にあったため、手続開始前の一時停止の要請を行うこととし、一時停止通知の送付後、金融機関各行に対して個別に、状況の説明と、方針が決まったら、速やかに本GLの手続を利用する予定であること説明した。

索を継続したことで、資金繰りの影響で廃業ができないといった事態を回避する必要がありました。

　そこで、まず、経営者が作成した資金繰り予測を保守的なものに修正し、この期間内にスポンサーとの交渉がまとまれば再生型ガイドラインを利用し、まとまらなければ廃業型ガイドラインを利用する方針を立て、これについて経営者にも納得いただき、手続を進めました。

　具体的なスケジュールは、のちに言及いたします〔資料4〕に記載をしています。ご相談を受けてから最初の4カ月はスポンサーとの交渉を行ったものの事業承継は難しいとの結論に至り、その後、廃業型ガイドラインの利用を検討することとなりました。

　続きまして、また〔資料2〕に戻るのですが、手続選択と手続開始前の一時停止の要請がありますが、本事案も資金繰りの関係がありまして、ご相談の初期段

〔資料３〕

事案3：廃業型私的整理手続（当初再生型を検討していた事案）

➢ 第三者支援専門家候補者への相談時期
- スポンサーとの交渉がどの段階でまとまるか不透明であったところ、交渉がまとまった場合も、決裂した場合も、速やかに廃業型GLを利用する必要があると考えられたことから、主要債権者に報告をした上で、早期に第三者支援専門家候補者にお声がけをして、情報の共有を行った。
- 結果として廃業型GLにて進めることになったが、第三者支援専門家候補者に早期に事情も把握頂いていたことから、主要債権者からも特に手続の進め方について異議が出ることもなく、また、速やかにその処理方針等について、報告協議することが可能となった。

➢ グループ会社への貸付債権の評価
- 依頼者の取締役が代表者を務めるグループ会社（X社）に対し、依頼者が相当額の貸付債権を有していた。
- X社は、私的整理手続こそ開始していないものの、実態債務超過の状態にあった。資金繰りも極めて厳しく、X社からの債権の回収は見込めなかったため、計画の立案にあたり、その貸付債権の取扱い及び評価が問題となった。
- X社が第三者からの資金支援を募ったところ、X社の既存株主から、資金支援の申し出があった。しかしながら、かかる支援額では当該貸付債権の数％しか弁済することができず、また、支援の条件として、当該支援によって当該貸付債権の一部を弁済した後の残債権を放棄することを要請されたため、当該貸付債権をどのように評価するかが、非常に重要な論点となった。
- 本件では、当該貸付債権に対するサービサーによる評価を取得すると共に、X社に対して財務DDを実施してその返済能力を分析した上で、サービサーによる値付けの妥当性を裏付けるというプロセスを経て、債権の評価を行った。その上で、X社からはその評価額相当額の弁済を受けて、残債権を放棄することを、弁済計画の内容とした。
- 第三者支援専門家との間ではこの過程の当初から緊密に協議を行い、確認を頂いて、対象債権者に対してもその合理性について説明いただくことで、金融機関からの同意を得ることができた。

階から元本弁済は止めることが必要でした。そのタイミングで手続を始めるということも考えられたわけですが、スポンサーとの交渉内容が極めて抽象的でしたので、再生型で進めると言えるほど再生型の計画を描ける蓋然性があるのかというと、それすらおぼつかない状態なのではないかというのが、私どもがご相談を受けたときの所感でした。一度再生型ではじめ、後で廃業型に切り替えるということも技術的にはできるのかもしれないとは思ったのですが、これだけ抽象的な状況で手続を進めるのもどうかと考えましたので、こちらについても手続開始前の、いわば任意の一時停止要請を行いまして、ただ、金融機関に対しては現状については事細かにお話をして、いずれスポンサーとの話がまとまらなければ廃業型に移る可能性があることはご説明を差し上げました。特段、金融機関の皆様からも、この進め方について反対はありませんでした。

続いて３点目は〔資料３〕ですが、第三者支援専門家候補者への相談時期で

す。先ほど申し上げたように、再生型に進むか廃業型に進むか分からないところもありましたので、スポンサー交渉がまとまったときには、資金繰りの関係もあって速やかに事業譲渡等を進めなければなりません。それに対応できるように、候補者の方にはあらかじめお声がけしたほうがいいだろうと思いました。また、交渉が決裂した場合にも、先ほど申し上げた仕掛かりの工事の取扱い等の話もあって、そうした状況について支援専門家候補者には知っていただいたほうがよかろうと思いましたので、手続開始前の早期の段階から、メインバンク、主要債権者にもご相談した上で、第三者支援専門家候補者として北野先生にご連絡をして、情報を共有した上で進めました。

　このことは我々外部専門家にとっても後の円滑な手続遂行に非常に有用であったと思うところであり、具体的に4点目のグループ会社への貸付債権の評価の説明に進ませていただきますが、この中で触れさせていただきます。本件の固有の論点として、依頼者の取締役が代表者を務める依頼者と別のＸ社に対して当社が相当額の貸付債権を有していました。ただ、Ｘ社も、倒産手続、私的整理手続を進めているといった状態には至らないものの、実質的には債務超過の状態にあって、資金繰りも非常に厳しかったので、この債権を弁済するというような状態ではなく、当社の計画の立案に当たって、この債権の評価をどうするかが問題になりました。

　話を進めていくうちに、Ｘ社の既存の株主の方から、一部だったら追加でお金を出してもいいというお話をいただきまして、そのお金で既存債権を一部弁済するということを考えました。ただ、その既存株主の方から、一部は払うけれども、その代わり払ったら残りの債権は放棄するという条件でないとお金は出せないと言われたものですから、その金額で弁済して放棄するということの相当性を基礎づけるために、この貸付債権の評価をどうするかということが問題になった次第です。

　〔資料３〕にもありますとおり、最終的にこの貸付債権の評価について、マーケットバリューとしてまずはサービサーからの評価を取得しつつ、それでは不十分であろうということで、Ｘ社に対しては、別途、財務デューデリジェンスを実

施して、その返済能力がないことを確認しました。その財務デューデリジェンスをサービサーの評価の妥当性を根拠づける資料とし、その上で評価額相当額の弁済をＸ社から受けて残債権を放棄するという形での計画といたしました。

　この検討につきましても第三者支援専門家にご相談しながら進めまして、この際に、実際に評価の合理性を基礎づける方法として、ディスカッションの中で北野先生からもかなりアイデアをいただきました。弁済計画の作成前にこうした議論を通じて評価額の方法について議論した上で計画を策定したことは、円滑に手続を進める上で非常に有用だったのではないかと思っています。また、このようなケースもありますので、スポンサーへの事業譲渡のある場合は当然ですけれども、そうでない場合であっても、早期に第三者支援専門家に少なくともご相談をする、あるいは選任するということは、有用な場面は少なくないのではないかなと考える次第でございます。

北野　〔事案３〕では、私は第三者支援専門家として関与させていただいたわけですが、仁瓶先生からございましたとおり、正式に第三者支援専門家になる相当前の段階から、その候補者ということで案件に関与させていただいており、任意の一時停止の要請の時点から、将来の第三者支援専門家候補者ということで関与をさせていただきました。それが本件においてはとてもよかったと思っていますし、ほかの案件でもそうしたらいいのかなと思っています。

　早期に事案に関与させていただいて手続の流れを横で見させていただくことによって、案件の内容とか計画案の作成過程をきちんと理解できて、その後の調査報告書の検討につながったのかなと思います。

　金融機関の皆様にとっても、早い段階から候補者として関与をしていることによって、将来的にきちんと中小企業事業再生等ガイドラインが利用されるんだなということがご理解をいただけたので、安心感につながっていたのではないかと思っていまして、そのあたりは仁瓶先生がうまく案件をコントロールされたのではないかと考えています。

　仁瓶先生からありましたように、スポンサーが事業承継をするということがなくなって、最終的には廃業型で進めるということになったわけですが、その場

合、計画案策定に当たって、清算価値保障原則を満たすことができるのかということがポイントの1つになりました。本件においては、受注済みの工事の取扱いをどうするのかということが清算配当率を大きく左右する要素になるのではないかということで、その取扱いについて第三者支援専門家候補者の立場で仁瓶先生と議論をさせていただきました。即時に破産するのと、うまく工事を第三者に承継したり、自分のところで終わらせたりということを進めて適切に処理して廃業することには、有意の差があるという共通認識に至りまして、そのように対処いただきました。

　こうやって早い段階で関与させていただいておりまして、内容や経緯が分かっていたから円滑な議論ができたと考えています。逆に、後から第三者支援専門家となり、後から振り返って検証するということになると、なかなか理解しづらいというか、肌身をもって理解するのが難しいところがありますので、早期に関与するというのはやはり大事だと思いましたし、外部専門家の仁瓶先生のお立場としても将来に向けての予測可能性があったのだろうと思います。

　グループ会社X社からの回収可能性が論点になったというお話が仁瓶先生からありましたが、私の立場からは慎重に検討をさせていただくことになりました。取締役を同じくするグループ会社向けの債権についてということですので、金融債権者の皆さんもこの評価については注視をされると思いましたので、少し力を入れて見させていただきました。仁瓶先生と協議を重ね、X社について財務デューデリジェンスをお願いすることにし、外部専門家チームの会計士さんに財務デューデリジェンスをしていただきました。その上で、その財務デューデリジェンスの結果が適正かということを、私のほうでも補助者の会計士の先生を起用して検証をしてもらいました。そういったプロセスを経て、X社からの回収見込み、債権の評価は適正だということを調査報告書の中で記載させていただきました。

　この論点は、手続の途中、どちらかというと最後のほうで出てきた論点でございまして、当初全く想定していなかった論点なので、時間的に結構タイトな中で対応する必要があったのですが、やはり早期に対応して案件を見ていたことか

〔資料４〕

事案3：廃業型私的整理手続（当初再生型を検討していた事案）

■ 弁済計画成立までのスケジュール

1月末	初期的な相談の開始
2月～	再生型中小企業版GLの利用の検討を開始、スポンサー候補と交渉 事前に第三者支援専門家候補者に事案の頭出しと本件の問題点等について共有
3月中旬	GL開始前の一時停止（金融機関のみ）
5月下旬	GL開始前の金融機関を対象とした説明会（前後でリース債権者にも個別に説明）
6月下旬～7月上旬	主要債権者に状況説明、廃業型GLの手続の利用につき了解を得る
7月上旬	廃業型GLの手続開始決定 対象債権者に廃業型GLの一時停止通知（リース債権者も含む）
7月下旬	債権者会議（キックオフ会議）
10月上旬	債権者会議（財務DD報告書ドラフト、弁済計画案ドラフトの提出）
10月上旬	資産の譲受人との資産譲渡契約の締結
10月中旬	債権者会議（財務DD報告書ドラフト、弁済計画案ドラフトの各修正版の提出）
10月下旬	債権者会議（調査報告書の提出）
11月上旬	弁済計画の成立
12月下旬	資産譲渡の実行・保全債権への弁済
翌1月末	非保全債権への基本弁済

ら、そのような対応ができたのかなと思っています。

　〔資料４〕のスケジュールのところですが、調査報告書は計画案をいただいてからかなり短い期間で作成をすることになったのですが、この短期間でＸ社向けの債権の評価も含めて検討できたのは、早期の段階から議論を重ね都度都度意見を述べさせていただいて、それを踏まえて外部専門家のほうで検討いただいて、弁済計画につなげていっていったから、短期間で対応することができたと思っているところでございます。やはり早期の段階で関与させていただいて、財務デューデリジェンスとか計画案の内容について同時並行的に議論、確認させていただくというのが有用かなと思いましたので、ご報告させていただきます。

② 中小企業活性化協議会手続

弁護士　加藤　寛史
弁護士　宮原　一東

I　中小企業活性化協議会スキームについて
――中小企業事業再生等ガイドラインとの対比の視点で――

弁護士　加藤　寛史

　中小企業活性化協議会スキームについて説明させていただきます。中小企業事業再生等ガイドラインができて以来、何度もご説明をしておりますので、同じような内容で、もう皆さんご承知のところだろうと思います。レジュメはあまり代わり映えしませんが、先ほど仁瓶先生からのご説明にもございましたので、協議会スキームと中小企業事業再生等ガイドライン等の相違点のようなところを中心に説明を進めさせていただこうと思っています。

1　協議会スキームとは

　〔資料1〕に中小企業活性化協議会による再生支援と中小企業事業再生等ガイドラインの活用状況を挙げさせていただきました。中小企業活性化協議会は、今、収益力改善支援から再チャレンジ支援ということで様々な支援をしておりまして、例えば支援完了件数というと、3000件、4000件というような数字が出てきます。ただ、中小企業事業再生等ガイドラインとの比較において見ていくべき数字とは何かという点で、抽出をした資料です。中小企業活性化協議会の再生支援、従前ですと再生計画策定支援の件数と中小企業事業再生等ガイドラインの再

〔資料１〕

はじめに（協議会による再生支援とガイドラインの活用状況）

2022年度	プレ再生（暫定リスケ）	リスケジュール	DDS	債権放棄・DES	廃業型
協議会による再生支援の実績 *1	733	203	16	115	
GL活用実績（金融庁事例集）*2			8	11	9
GL活用実績（公庫公表資料）*3		NA		13	6

2023年度	プレ再生（暫定リスケ）	リスケジュール	DDS	債権放棄・DES	廃業型
協議会による再生支援の実績（4月～9月）*1	249	75	3	52	
GL活用実績（公庫公表資料）（4月～12月）*3		NA		25	20

*1 中小企業活性化セミナー（2024年2月26日）資料より
*2 「中小企業の事業再生等に関するガイドライン事例集」（金融庁 令和5年10月）
*3 中小企業活性化セミナー（2024年2月26日）資料より

生型私的整理の件数を比較して捉えていただければと思います。

　廃業型私的整理につきましては、中小企業活性化協議会には廃業型私的整理という手続はございません。あくまでも再チャレンジ支援の中で廃業型私的整理につなげていくという支援ですので、中小企業活性化協議会による廃業型私的整理の実績はありません。中小企業活性化協議会で再チャレンジ支援が500件、600件と言っても、これが全て廃業型私的整理というわけではなく、法的整理につないでいる、経営者保証ガイドラインで経営者の破産回避につなげているという案件もありますので、このあたりの数字について誤解なく捉えていただければと思っているところです。

　続いて〔資料２〕で、協議会スキームについてですが、準則が２つあるというところにご留意ください。通常、協議会スキームと言われるものは、中小企業活性化協議会実施基本要領別冊２「再生支援実施要領」に定められた手続による私

〔資料２〕

```
■ 協議会スキームとは①

協議会スキームの準則は以下のとおり

①【別冊２ 再生支援実施要領】による私的整理手続
 ➡資産評定基準の定めはない
 ➡金融支援の内容は、プレ再生支援（暫定リスケ）〜債権放棄まで幅広い

②【別冊３ 中小企業再生支援スキーム】による私的整理手続
 ➡全国本部に再生計画検討委員会を設置、資産評定基準が定められた厳格な手続
 ➡「企業再生税制の適用」「プレDIPファイナンスに係る産競法第５６条第３項適合性の確認」「少額商取引債権等に係る産競法第５９条第３項適合性の確認」が必要な場合に利用
 ➡直接債権放棄・DESを活用する場合

※【別冊４ 中小企業活性化協議会等の支援による経営者保証に関するガイドラインに基づく保証債務の整理手順】
 ➡業務手順（手続）に関する規定であり、実体面は【経営者保証に関するガイドライン】に従う。

◆ 中小企業活性化協議会実施基本要領【第５ 再生支援 ２ 具体的手続等】
   再生支援の内容、手続、基準等については、本基本要領別冊２「再生支援実施要領」に定める。ただし、再生計画の策定にあたり、法人税法第２５条第３項及び第３３条第４項並びに同法第５９条第２項の適用を受けることを想定している場合には、本基本要領別冊３「中小企業再生支援スキーム」に従う。
```

的整理を意味しています。

これとは別に、別冊３「中小企業再生支援スキーム」が定められています。別冊３につきましては、資産評定基準が定められた厳格な手続ということで、再生計画検討委員会という計画案を調査・検証する委員を中小企業活性化全国本部が委嘱して設置するという手続になっています。ただ、企業再生税制の適用を受けるような、直接債権放棄やDESを使うような案件に限られて利用されますので、従前ですと、年間、本当に１件あるかないかでしたけれども、最近少し増えてきておりますが、それでも５件もないというところです。

〔資料３〕は、中小企業活性化協議会は中立公正であるということで、いつも示されている図でございますが、先ほどの中小企業事業再生等ガイドラインとの比較で言うと、中小企業事業再生等ガイドラインにおける第三者支援専門家もまさに中立公正な立場ということになりますので、基本的には、立ち位置として

〔資料３〕

協議会スキームとは②

Ｑ３．協議会スキームを実施するにあたり、認定支援機関はどのような立場に立つのでしょうか。
Ａ．認定支援機関は、事業者（債務者）の代理人でも債権者（金融機関等）の代理人でもなく、中立公正な第三者として、協議会スキームを実施しなければなりません。すなわち、認定支援機関（及び業務を実施する支援業務部門）は、中立的な立場で、再生計画案の策定支援、再生計画案の調査報告及び債権者との合意形成に向けた調整等を実施する必要があります。
　なお、私的整理に関するガイドラインでは、債務者企業に代理人弁護士が就き金融機関等との協議交渉を行うのが通例ですが、協議会事業においては、相談に来る事業者（債務者）に代理人弁護士が就いているケースは稀であり、資金繰りなど窮境にある状況から取引金融機関との間で合理的な協議交渉ができていないケースもあります。そのような場合において、事業者が合理的でない不利益を受けないよう、認定支援機関としては、中立公正な立場から配慮する必要があります。

（図：債務者企業・債務者側アドバイザー・代理人弁護士／協議会 常駐専門家（PM・SM）外部専門家（弁護士・公認会計士・中小企業診断士等）／金融機関／スポンサーファンド　「！！立場が違う！！」「中立公正な立場」）

は、ここの真ん中にある中小企業活性化協議会の立場にあるというところだろうと思います。

　常駐専門家がいるというのが、やはり中小企業活性化協議会の１つの大きな特徴だろうと思います。〔資料３〕でPMとある、プロジェクトマネジャーと言ったりしますが統括責任者です。統括責任者と統括責任者補佐が常駐をして、「予約をしてください」とは言っていますが、基本的に平日であれば、誰かが相談に乗ってくれるという機関です。

　常駐専門家については、多くが金融機関ご出身の方です。ただ、2023年８月に政府から「挑戦する中小企業応援パッケージ」が発表されまして、円滑な再チャレンジを支援する体制を整備していくということで、弁護士のサブマネージャーを全国の中小企業活性化協議会に配置するという取組みがなされているところで、2024年４月以降、現在は全国で50名を超える弁護士サブマネが着任を

しています。一応2024年度中には47都道府県、空白地区をなくすということで取り組んでいるところであると聞いています。

　もう1つ、中立な立場というところで、常駐専門家以外に、この後に手続の説明もいたしますが、案件ごとに選任される外部専門家が選任されます。中小企業事業再生等ガイドラインですと外部専門家は債務者側のアドバイザーなので、言葉が一緒で少し分かりにくい部分がありますが、中小企業活性化協議会で外部専門家というのは、中小企業活性化協議会が委嘱する中小企業活性化協議会と同じ立場の、中立公正な立場の専門家ということでございます。

　続いて、協議会スキームの特徴にもなりますけれども、手続に2つの型があるというところを覚えていただけるとよいと思います。〔資料4〕の通り、「通常型」と「検証型」です。言葉に通常型とあるように、割合をカウントしたことはないので正確には分かりませんが、中小企業活性化協議会の手続で再生計画を策定する案件のほとんどは通常型で、以前は検証型はほとんどありませんでした。ただ、現在は、特に債権放棄を伴うような案件で、検証型も結構ございます。ただ、中小企業活性化協議会は47都道府県ある中、おそらく検証型を行ったことがない中小企業活性化協議会はまだあるのではないかと思います。

　どう違うのかというと、おそらく検証型のほうが分かりやすいかと思いますが、これは中小企業事業再生等ガイドラインと一緒です。債務者側が依頼した専門家がデューデリジェンスを行って計画を策定する。あくまでも中小企業活性化協議会や中小企業活性化協議会が委嘱した外部専門家は、それをチェックするという手続です。中小企業活性化協議会では、通常型のほうが多いと先ほど申し上げましたが、なぜ多いかというと基本的には中小企業活性化協議会に相談に来るときには、事業者、債務者側には専門家がいない、アドバイザーがいない状態で、企業が単独でご相談に来るということが以前は当たり前でしたし、今でも多い。当然、金融機関の方から背中を押されて来るというのもありますが、いずれにしても、債務者側に代理人やアドバイザーがついていない状態で協議会に来ることが多い。そうした場合には、中小企業活性化協議会が委嘱した専門家がデューデリジェンスを行い、それに基づいて計画案を作成するという、この通常

〔資料４〕

```
■ 協議会スキームとは③

■ 協議会スキームには、「通常型」と「検証型」の二つの手続がある。
  ➡準則型私的整理手続は基本的に「検証型」であり、「通常型」は協議会スキーム特有の手続

┌ 従来型 ┌ 通常型：協議会が委嘱した外部専門家が財務・事業DDを実施し、それに基づき
│        │       再生計画案の作成を支援する手続
│        └ 検証型：債務者企業が依頼した専門家が財務・事業DDを実施し、協議会が
│                  委嘱した外部専門家がDDを検証し、それに基づき、再生計画案の作成
│                  を支援する手続
│          ※ いずれの手続も、再生計画案の調査報告は、リスケジュール、DDSの場合は統括責任者（PM）、
│            債権放棄、DESの要請を伴う場合には協議会が委嘱した外部専門家の弁護士が行う。
│          ※ 債務者企業が依頼した専門家が財務DDのみ実施し、実施未了の事業DDを協議会が委嘱した外部
│            専門家が実施する「折衷型」もある。
│            ※「外部専門家」の定義がガイドラインと異なる点に注意
└ 新スキーム（簡易型） →2012年要領改訂により創設、2022年廃止

◆ 別冊2 再生支援実施要領【（4）再生計画案の作成】
① 個別支援チームは、原則として、個別支援チームに参画する公認会計士又は税理士による財務面（資産負債及び損益の状況）の調
査分析及び個別支援チームに参画する中小企業診断士等による事業面の調査分析を通じ、相談企業の財務及び事業の状況を把握し、
それに基づき、相談企業の再生計画案の作成を支援する。
④ 2 （4）①に代えて、個別支援チームは、相談企業が実施した財務面の調査分析又は事業面の調査分析の全部又は一部の検証を通
じ、相談企業の財務及び事業の状況を把握し、それに基づき、相談企業の再生計画案の作成を支援することができる。なお、相談企
業が実施した調査分析結果については、原則として、個別支援チームに参画する公認会計士又は税理士が財務面を、個別支援チーム
に参画する中小企業診断士等が事業面をそれぞれ検証するものとする（以下、個別支援チームによる検証を通じて相談企業の財務及
び事業の状況を把握する方式を「検証型」という。）。
◆ 同要領【（6）再生計画案の調査報告】
① 再生計画案に金融支援を含む場合、統括責任者は、再生計画案の内容の相当性及び実行可能性を調査し、調査報告書を作成の上、
対象債権者に提出する。ただし、債権放棄等を要請する内容を含む再生計画案に関する調査報告書の作成については、原則として個
別支援チームに参画した弁護士が再生計画案の内容の相当性及び実行可能性を検証し、行うこととする。
```

型の手続がオーソドックスな形です。通常型と検証型があるというところを１つ覚えていただけるとよいかと思います。

あと、〔資料４〕の※にもありますけれども、外部専門家の定義が中小企業事業再生等ガイドラインと異なる点に注意をしてくださいということでございます。

続いて、手続の流れについて、これは再生支援要領を読んでいただければお分かりいただけるかと思いますが、手続の大きな流れについては中小企業事業再生等ガイドラインと変わりません。ただ、例えば、まず１番で「再生支援の開始」とありますが、この前段階に「窓口相談」があります。常駐する統括責任者、統括責任者補佐が窓口相談ということで幅広く中小企業の相談を受ける、相談対応があります。現在中小企業活性化協議会は収益力改善から再チャレンジ支援まで幅広い支援メニューを用意していますので、その中から再生支援が相当な企業について再生支援の手続を開始します。

〔資料5〕

■ 協議会スキームとは④

■ 別冊2 再生支援要領に基づく協議会スキーム（狭義）の内容は以下のとおり。

1. 再生支援（第二次対応）開始
   ※主要債権者の意向を確認
   ※統括責任者は、主要債権者の意向を踏まえ、再生支援を行うことが不相当でないと判断した場合には、認定支援機関の長と協議の上、再生支援を行うことを決定する
   ※返済猶予等の要請【再生支援要領Q&A Q21参照】

2. 個別支援チームの編成
   ※常駐専門家（統括責任者、統括責任者補佐）と外部専門家（外部AD）で構成
   ※原則として、会計士又は税理士、債権放棄等の要請を含む計画の策定が見込まれる場合は、会計士と弁護士を含む

3. 再生計画案の作成
   ※外部ADの会計士又は税理士による財務DD、外部ADの中小企業診断士等による事業DDを実施（これを「通常型」という）
   ※相談企業は、個別支援チームの支援のもと、再生計画案を作成する
   ※「通常型」に代えて、相談企業が実施した財務DD、事業DDを外部専門家が検証を通じて相談企業の財務及び事業の状況を把握することも可（これを「検証型」という）

4. 再生計画案の内容
   ※数値基準等、「小規模な事業者」の例外
   ※プレ再生計画

5. 再生計画案の調査報告
   ※債権放棄等を要請する場合は外部ADの弁護士、その他は統括責任者が調査し、調査報告書を作成

6. 債権者会議の開催と再生計画の成立
   ※持ち回りによる実施も可
   ※統括責任者は不同意債権者に対し、その理由の説明を求めるものとする

　再生支援開始に当たっては、主要債権者、メイン行の意向を確認します。中小企業事業再生等ガイドラインも同じような規定になっていると思います。ただ、違いがあるとすれば、中小企業事業再生等ガイドラインでは主要債権者の定義が明確に定められているところですが、中小企業活性化協議会では定められておりません。ここが主要債権者だと思われる金融機関に意向を確認しています。

　もう1つ付け加えると、再生支援の開始決定を誰が判断するのかは、統括責任者、プロジェクトマネジャーということになります。〔資料5〕には、統括責任者は、主要債権者の意向を踏まえ、再生支援を行うことが不相当でないと判断した場合に決定するとあります。「再生支援を行うことが不相当でないと判断した場合」というこの表現は、中小企業事業再生等ガイドラインの表現に合わせてあります。合わせてあるというのは、実は過去の基本要領を見ていただくと、少し表現が違います。中小企業事業再生等ガイドラインができたことによって同じ表

〔資料６〕

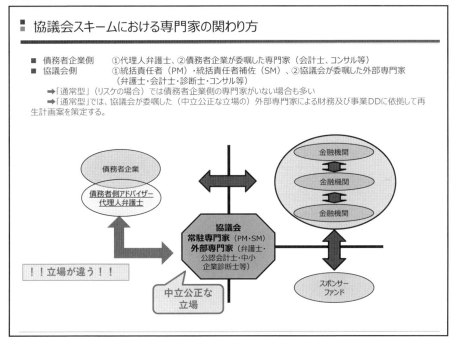

現に変わったところでございます。

　もう１つ、一時停止の要請に相当する手続があるのかというところでございますが、再生支援要領には実は規定がされていません。Q&Aの中に返済猶予等の要請ということで規定されています。ただ、ほぼ全ての近い案件で返済猶予の要請はされていると理解をいただければと思います。

　手続を開始いたしますと、２点目の「個別支援チームの編成」、これは中小企業活性化協議会特有だろうと思いますが、案件ごとに支援チームを編成するという手続で、常駐専門家である統括責任者と統括責任者補佐に加えて、先ほど申し上げた案件ごとに選任する専門家を委嘱します。それを外部専門家、外部アドバイザーと言ったりします。通常型の場合ですと、その選任した会計士または税理士、もしくは診断士やコンサルがデューデリジェンスを実施するということになっております。検証型であれば、それは債務者側のアドバイザーが実施します

〔資料7〕

```
■ 協議会スキームにおける常駐専門家・外部専門家の役割

1. 財務面の調査分析及び事業面の調査分析の実施（「通常型」の場合）
   財務面の調査分析及び事業面の調査分析の検証（「検証型」の場合）
   ➡ **債権放棄等（含むDES）** の要請を含む再生計画の策定を支援する場合、外部専門家に
   **弁護士**と**会計士**を含めないといけない

2. 再生計画案の作成を支援する（共通）
   ※債務者企業側の専門家がいる場合といない場合

3. 再生計画案の内容の相当性及び実行可能性を調査し、調査報告書を作成の上、
   対象債権者に提出する（共通）
   ➡ リスケ・DDSの場合は**統括責任者（PM）**、債権放棄・DESの場合は外部専門家の**弁護士**

4. 計画成立に向けた調整（金融調整）
   ➡ 協議会（常駐専門家）が実施
   ※代理人弁護士がいる場合といない場合

5. バンクミーティングの招集・主宰
   ➡ 協議会（常駐専門家）が招集・主宰
```

ので、それをチェックする専門家を選任することになります。

「個別支援チームの編成」のルールとしては、「原則として」とありますが、会計士または税理士は入れないといけないことになっています。財務デューデリジェンスについて、会計士または税理士が実施をするということです。もう1つは、債権放棄等の要請を含む計画の策定が見込まれる場合は、会計士と弁護士を含むというルールがあります。中小企業事業再生等ガイドラインはあまり細かなルールは明記されていませんので、逆に中小企業活性化協議会のほうが細かく規定がされています。

3つ目、「再生計画案の作成」は繰り返しになりますが、通常型の場合には、外部アドバイザーとして選任された会計士または税理士による財務デューデリジェンス、中小企業診断士等による事業デューデリジェンスを実施することになっています。

〔資料8〕

中小企業版私的整理手続と協議会スキームの異同②

- 協議会スキームとガイドライン＜第三部＞の中小企業版私的整理手続（再生型私的整理手続）はほとんど同じ

	私的整理GL	事業再生ADR	協議会スキーム	中小企業版私的整理手続（再生型）
一時停止の通知	必須	必須	任意	任意
財務DD,事業DDの実施方法	債務者側ADが実施し専門家ADが検証	債務者側ADが実施し手続実施者が検証	協議会委嘱の専門家が実施（通常型）債務者側ADが実施し協議会委嘱の専門家が検証（検証型）	債務者側ADが実施し第三者支援専門家が検証
数値基準（実質債務超過解消年限）	3年	3年	5年	5年
同（経常黒字化）	3年	3年	3年	3年
同（有利子負債CF倍率）	規定なし	規定なし	10倍	10倍
経営者責任	原則退任	原則退任	個別に判断	個別に判断
税務面の手当（無税償却）	○	○	○※1	○
税務面の手当（企業再生税制）	○	○	△※2	×

※1 従前より国税庁より平成15年7月31日付文書回答「中小企業再生支援協議会で策定を支援した再建計画（A社及びB社のモデルケース）に基づき債権放棄が行われた場合の税務上の取扱いについて」を得ていたが、2022年6月16日に国税庁に「中小企業活性化協議会の『中小企業活性化協議会実施基本要領』に基づき策定された再生計画により債権放棄等が行われた場合の税務上の取扱いについて」照会を行い、同月17日に国税庁から差し支えない旨回答を得ている。
※2 別途定める「別冊3 中小企業再生支援スキーム」に従うことにより企業再生税制の適用を受けることができる。

　4「再生計画案の内容」、5「再生計画案の調査報告」、6「債権者会議の開催と再生計画の成立」ですが、このあたりは中小企業事業再生等ガイドラインと中小企業活性化協議会で基本的に変わりません。唯一、変わるかもしれないところは、債権者会議の開催について、中小企業活性化協議会が招集をかけるというところでして、中小企業事業再生等ガイドラインの場合は、第三者支援専門家が招集するのか、企業が招集するのかということが論点になったりしますが、中小企業活性化協議会の場合には中小企業活性化協議会が招集をするというところかと思います。

　続いて、〔資料6〕、〔資料7〕ですが、協議会スキームで専門家がどのように関わるのかを整理をしています。

〔資料9〕

> ### 中小企業版私的整理手続と協議会スキームの相違点①
>
> - **廃業型私的整理手続の有無**
>   【GL】　　規定あり
>   【協議会】規定なし
>
> ➡【協議会】による「再チャレンジ支援」は助言とGLの廃業型私的整理のサポートにとどまる。
>
> - **対象企業の範囲**
>   【GL】　　学校法人や社会福祉法人等への準用可。中小企業基本法第2条1項の要件に形式
>   　　　　　上該当しない場合でも準用可（Q3）
>   【協議会】産業競争力強化法第2条第22項に定義される「中小企業者」と常時使用する従業員
>   　　　　　数が300人以下の医療法人。社会福祉法人等は対象外（基本要領別冊2 Q10）
>
> ➡【協議会】の対象とならない規模や法人形態の者は【GL】を利用。
>
> - **企業再生税制の適用の有無**
>   【GL】　　規定なし
>   【協議会】規定あり（別冊3 中小企業再生支援スキーム）
>
> ➡企業再生税制の適用が必要となる可能性のある（金融支援として直接債権放棄、DESが想定される）案件は
>   【協議会】を利用。

2　中小企業版私的整理手続と協議会スキームの異同──相違点と使い分けの視点

　続いて、協議会スキームと中小企業事業再生等ガイドラインの相違点と使い分けの視点です。様々な方が同じような整理をされておりますので、重複する部分が多くて恐縮ですけれども、私の整理ということで少しご説明をさせていただきます。

　ただ、基本的にはどちらの手続も中身は同じだと思ってください。手続として若干の違いがあるという理解がスタートラインだと思っております。

　〔資料8〕にありますとおり、並べてみれば同じであることが一目瞭然というところですが、1つ違いは、2段目、中小企業活性化協議会には通常型という手続があるということです。中小企業事業再生等ガイドラインを始めるときには、中小企業事業再生等ガイドラインで言う外部専門家、債務者側にアドバイザーがつくのがスタート段階で必要ということです。先ほど紹介された事例の中でも、

〔資料10〕

```
■ 中小企業版私的整理手続と協議会スキームの相違点②

■ 事業再生計画の内容
  プレ再生計画（協議会版暫定リスケ）の有無
  【GL】　規定なし（GLに沿った事業再生計画ではない）
  【協議会】規定あり（別冊2再生支援要領2.(5)⑪）

➡当初から暫定的なリスケジュール計画の策定を想定する場合は【協議会】を利用。もっとも、【GL】の手続を活用して暫定的なリスケジュール計画を策定することは否定されない。
※405GL枠の対象外となる点に留意。

➢ プレ再生支援（協議会版暫定リスケ）
  将来の本格的な再生計画の策定を目指し、事業計画の実現性を高めるために、アクションプランの実効性を確認・検証する期間が必要と判断される場合や滞納公租公課の解消等を目的とする場合など、直ちに数値基準を満たす再生計画を策定することが困難な場合に、3事業年度（再生計画成立年度を含まない）を限度とする暫定的なリスケジュール計画を内容とする計画。（基本要領別冊2 Q32）
```

　初期相談ということで、弁護士が初期相談を受けているということがありましたが、手続が始まる前から債務者側にアドバイザーがいるのが中小企業事業再生等ガイドラインですが、中小企業活性化協議会はいない状態から始めることもできるというところが大きな違いだと思います。

　もう1つは、一番下ですが、企業再生税制の手続が用意されているところが違います。

　〔資料9〕、〔資料10〕も、中小企業事業再生等ガイドラインと協議会スキームの相違点ですので、大きな整理としてご確認をいただければと思います。

　〔資料10〕につきまして補足させていただきますが、プレ再生計画（暫定リスケと言ったりしますが）は、中小企業事業再生等ガイドラインには規定がないというのはそのとおりであり、同ガイドラインに沿った事業再生計画とは言えません。とはいえ、先ほどご紹介もありましたように、中小企業事業再生等ガイドライン

〔資料11〕

中小企業版私的整理手続と協議会スキームの相違点③

■ 小規模事業者の数値基準の緩和
　＜定義＞
【GL】　「小規模企業者」（中小企業基本法第2条第5項の定義に限定されず、中小企業者の事業規模や実態等に照らし適切と考えられる限りにおいて柔軟に適用）
【協議会】「小規模な事業者」（中小企業基本法第2条第5項に定義される「小規模企業者」のみならず、「売上1億円未満かつ有利子負債1億円未満」に該当する事業者）
　＜要件＞
【GL】
② 上記①の規定にかかわらず、小規模企業者が債務減免等の要請を含まない事業再生計画案を作成する場合には、次のイ及びハ、又はロ及びハの内容を含むことにより、上記①のロからニの内容を含めないことができるものとする。
　イ　計画期間終了後の業況が良好であり、かつ、財務内容にも特段の問題がない状態等となる計画であること。
　ロ　事業再生計画成立後2事業年度目（事業再生計画成立年度を含まない。）から、3事業年度継続して営業キャッシュフローがプラスになること。
　ハ　小規模企業者が事業継続を行うことが、小規模企業者の経営者等の生活の確保において有益なものであること。
【協議会】
⑩ 上記の規定にかかわらず、相談企業が小規模な事業者で債権放棄等の要請を含まない再生計画案を作成する場合には、次のイ及びロの内容を含むことにより、2．（5）②〜④の内容を含めないことができるものとする。
　イ　再生計画成立後2事業年度目（再生計画成立年度を含まない。）から、3事業年度継続して営業キャッシュフローがプラスになること。
　ロ　相談企業が事業継続を行うことが、相談企業の経営者等の生活の確保において有益なものであること。

➡緩和要件の内容はほとんど同一であるが、数値基準の緩和対象となる事業者の範囲が異なる点に留意。

の手続を活用してデューデリジェンスを行い計画策定まで進んだら、なかなか数値基準を満たす計画で合意形成が難しいという場合に、暫定的なリスケジュール計画を策定するということは否定されないだろうというのがここに書いてある意味です。ただ、補助金の対象にはならないという点にだけはご留意ください。

　続いて、〔資料11〕、ここも実は微妙に違うということでご説明をしておきます。3・5・10と言ったり、5・3・10と言ったりしますけれども、数値基準がございますが、数値基準の例外ないし緩和の規定として、小規模企業者の場合には別の要件が定められています。実は中小企業活性化協議会でも、小規模な事業者、あえて用語が変わっておりますが、似たような形で規定をされています。定義が若干異なる。要件はほぼ同じですけれども、定義が若干異なるというところをご確認いただければと思います。

　〔資料12〕ですが、これも今、何度も申し上げたことが整理されているとい

〔資料12〕

中小企業版私的整理手続と協議会スキームの相違点④

■ 手続の建付け
【GL】　「検証型」（債務者企業・外部専門家、対象債権者、第三者支援専門家）
【協議会】「通常型」（債務者企業、対象債権者、協議会・外部専門家）と「検証型」（債務者企業・同AD・代理人弁護士、対象債権者、協議会・外部専門家）
※外部専門家の定義が異なる点に留意

➡【協議会】は債務者企業側に外部専門家（代理人弁護士・コンサル等）がいなくても利用可能だが、【GL】は手続開始前に外部専門家への依頼が必要。

■ 手続の主宰者
【GL】　　外部専門家
【協議会】協議会（常駐専門家）

➡相対的に【GL】では関係者（外部専門家・主要債権者）の手続進行の負担が大きい。他方で、【協議会】は当事者に協議会が入ることもありスケジュールの制約が大きい。

■ 金融調整の主体
【GL】　　外部専門家＋第三者支援専門家（＋主要債権者）
【協議会】協議会（常駐専門家・外部専門家）＋債務者代理人弁護士

➡金融調整が難航する案件では、相対的に【GL】では関係者（外部専門家、第三者支援専門家、主要債権者）の負担が大きくなる。

うことで、見ていただければと思いますけれども、最後の金融調整の主体というところです。先ほど仁瓶先生からのご説明にもありましたが、中小企業活性化協議会も金融調整の主体として、債務者代理人弁護士がいる場合には、代理人とともに共同して調整をする。債務者代理人がいないケースも多いですので、特にリスケジュールの案件では代理人がいない。この場合には中小企業活性化協議会が主体的に調整をするということになります。そういう意味では、金融調整の主体に中小企業活性化協議会が入っているところは大きな違いかなと思っております。

〔資料13〕ですが、以上の相違点を踏まえた手続選択の視点をまとめたものです。あくまでも私見ということですので、見ていただければと思っているところでございますが、法人形態や規模から協議会の支援対象外の事業者はガイドラインを活用することになります。プレ再生計画の策定や企業再生税制の活用が想定される場合は協議会、ただし、プレ再生計画についてはガイドラインの手続で

〔資料13〕

手続選択の視点（私見）

1. 【協議会】の支援対象外の事業者は【GL】を活用。

2. （プレ再生計画の策定）や企業再生税制の活用が想定される場合は【協議会】を活用。

3. それ以外は、【協議会】【GL】どちらを活用してもよい。
   ➡ （計画に求められる内容は同一であり）できあがる計画の内容に相違はない。
   ➡ 関係者の負担は【GL】の方が大きいが、迅速性は【GL】の方が勝ると思われる。
   ➡ 主要債権者や対象債権者が協議会の関与が望ましいと考える案件は【協議会】。
   ※第三者支援専門家の選任は主要債権者の同意が必要。

4. 今後支援対象が増大し、【協議会】のリソースに限界が生じる場合には、地域金融機関と協議会で協議し、【GL】と【協議会】の使い分けについてコンセンサスを醸成していくことが望ましい。

　も作成できますよ、ということで括弧付けしています。繰り返しになりますが、ガイドラインでプレ再生計画を策定した場合は補助金の対象にならない点はご留意ください。それ以外は、計画に求められる内容は同一なのですから、どちらを活用しても良いです。迅速性ではガイドラインが勝ると思われますが、関係者、特に債務者側の代理人やアドバイザーの負担はガイドラインの方が大きいと思います。バンクミーティングを協議会が主宰することから、日程調整、招集、設営等も結構な負担だと皆さん仰っています。あと私は、主要債権者や対象債権者が協議会の関与を希望されるようであれば、協議会でよいと思っています。仕上がる計画は同じなのですから、どちらの手続にするかでもめる必要はありません。

　もっとも、まだそうなっていませんが、今後支援対象が増大し、協議会のリソースに限界が生じるような場合には、ガイドラインでできる案件はガイドラインで、というコンセンサスを作っていく必要はあると思っています。

Ⅱ　中小企業活性化協議会における再生事案の紹介と他手続との比較

弁護士　宮原　一東

　中小企業活性化協議会における再生事案の紹介と他の手続との比較という内容で説明をさせていただきます。

1　中小企業活性化協議会の事例紹介

　まずは中小企業活性化協議会の再生事例の紹介ということで、3件紹介させていただきたいと思います。

(1)　プレ再生計画

　1件目の事例は〔資料1〕のとおりです。こちらは地方のクリーニング事業を営んでいる法人で2社ありました。借入金は3億円と2億円という内容で、公租公課をかなり多額に滞納し、1つの会社は社会保険が2500万円、消費税が1500万円、もう1つの会社は社会保険が3000万円、消費税が1500万円と事業規模に比してかなり多額の公租公課を負っていたという事例です。ただ、いずれも換価の猶予を受けていました。

　5期連続経常損失を出していて、2つの法人とも5期累計2億円程度の経常損失を出していたという事例です。

　令和5年1月に最初オンラインで社長と面談したのですが、その少し前に中小企業活性化協議会が入って、財務デューデリジェンスの報告が令和4年12月にあったと聞いています。年明け早々に中小企業活性化協議会より紹介を受けたわけです。その際には、1月末にも資金ショートしかねない状態でした。加えて、工場の不動産を、地主に相続が生じた数年前に売買代金の分割払いという形で購入し、分割払いをしており令和5年の12月に残金5000万円を払うと約束をしている事案でした。

〔資料１〕

事業規模	年商：F社：7億円程度、C社：4億円程度のクリーニング事業 借入金：F社：約3億円、C社：約2億円 公租公課：F社：社会保険25,786千円（月額600,000円弁済）、消費税14,958千円（月額1,000,000円弁済）、C社：社会保険30,330千円（月額 600,000円弁済）、消費税14,974千円（月額1,000,000円弁済）の債務あり（いずれも換価の猶予）
窮境に至った事情	コロナ前から収益が悪化し、いずれの法人とも5期連続経常損失マイナス（いずれの法人とも累計で2億円程度の経常損失）
受任の経緯	資金が令和5年1月にもショートするリスクがあったことに加え、工場の不動産売買代金の未払債務（5000万円強）の期限が令和5年末に到来することによる事業継続の危機があったところ、活性化協議会の再チャレンジ支援として紹介を受けた。
再生プランの大枠	Ⅰ資金繰りの維持（①代表者資金の会社への貸付（数百万円）、②公租公課の返済猶予の継続、③プレDIPファイナンスの枠の確保（既存金融機関に対しては、消極同意） Ⅱ収益改善の実施（①不採算店舗の閉鎖（特別損失ではなく、CF重視）②値上げ、③工場集約の原価改善、④配送ルートの見直し）
手続選択	自主再建型であるものの、早期に数値基準を満たす計画の策定は困難であることから、再生計画の前段階として「プレ再生計画」を策定
保証債務整理との関係	保証人からの借入金については事実上の劣後化
特徴（悩みどころなど）	・資金繰りがどこまで維持できるのか（公租公課庁との協議に弁護士が同席するか） ・自主再建型とスポンサー型のどちらで進めるべきか（後者の場合、破産手続が前提になる可能性が高く、私的整理手続で進めることが困難、代表者や対象債権者の意向等の確認） ・対象債権者外の債権者である工場の売主との調整が成立するのか

　まず資金繰りが非常に厳しい状況でしたので、資金繰りの維持を考えました。代表者の個人資産を投下することについて、いろいろと悩ましい問題がある[1]のですが、代表者の手元資金がございましたので、そちらを会社に入れることになりました。また、公租公課の返済について、換価の猶予を受けていたので、そちらを継続してもらう。あと、プレDIPファイナンスを行う金融機関がございますので、そちらに相談をして枠の確保をしました。これで資金繰りを何とか維持しつつ収益改善、〔資料１〕「再生プランの大枠」にある①から④にあるような様々な施策を打って対応していました。

　当初は、事業性も厳しいし、これはスポンサー型で対応しないといけないかと考えました。ただ、公租公課の猶予額もかなり多額にあるので私的整理は無理か

---

[1] 仮に対象会社が債権放棄事案となる場合、保証人は保証履行を求められる局面となるので、保証人の資産の実態価値が目減りしてしまうという問題がある（第1編 Part2も参照）。

もしれない、事業譲渡して破産といったことも念頭に置きながら対応していた案件でした。収益改善を様々取り組んでいく必要があるところ、代表者は、不採算店舗があるが、閉鎖すると特別損失が出ることを気にしていました。私の方から「キャッシュフロー重視で進めましょう。」と代表者を説得し、不採算店舗を閉鎖するなどの収益改善に努めたところ、徐々にキャッシュフローが出てくる状況になりました。ただ、キャッシュフローが出ても、公租公課の猶予が多額にあり、すぐに再生計画策定は難しいということで、プレ再生計画を策定して、再生計画期間の間、金融機関に返済をずっと待ってもらうというプレ再生計画で対応したという事例です。

　こちらの事例を出させていただいた背景としては、巷では手続選択の議論をする際に、フローチャートか何かで、すぐ結論を出したがる傾向があるので、警鐘を鳴らしたいと思ったからです。フローチャートで検討すると、赤字ですし、公租公課も多額にありますので、単純破産か、事業譲渡＋破産という法的整理しか描けないケースだったと思います。ただ、時間をかけて収益改善等に取り組むことによって、その他の選択肢が見えてくることがあります。また、プレ再生や暫定リスケをご存じない方々もいるかと思い、紹介させていただいた次第です。

　ただ、1つ問題があって、プレ再生計画では公租公課をこういう形で払っていくと金融機関の同意を取っているのですが、公租公課の担当が1年ごとに代わるため、従前このような形で返済することを説明していたにもかかわらず、担当が代わるともっと多く払うように言われてしまいました。現状、公租公課の返済ピッチを早くするよう求められ、これに応じるしかないわけですが、かかる状況を金融機関に説明すると、金融機関担当者から叱られるという問題がモニタリング期間で生じています。今後の課題ですが、活性化協議会や中小企業の事業再生等に関するガイドライン案件など準則型私的整理手続を進めている案件については、公租公課庁において、プレ再生計画に沿った柔軟な対応を認めてもらいたいなと思ったところです。

(2) 第二会社方式の自主再建型再生計画

〔資料2〕は第二会社方式の事例ですが、年商5000万円もないような小規模な酒蔵でした。こちらは10年ぐらい前に信用保証協会に代位弁済されたり、サービサーに債権売却されたりしていて、債権の元本よりも遅延損害金のほうが多くなっているというような厳しい事案でした。あと、代表者が酒蔵の底地の不動産を持っていたのですが、その固定資産税を4000万円も滞納していました。

ただ、私どもが相談を受ける少し前に事業承継が行われ、新しい経営者の下でいいお酒をつくるようになり、また事業性も高まっていたという背景がありました。受任のきっかけですが、第二会社方式を用いて日弁連の特定調停スキームで再生を図った酒蔵があったのですが、本件はその酒蔵からの紹介で受けた案件になります。当初は固定資産税もかなり多額にあるので、私的整理だと厳しく、中小企業活性化協議会（当時は中小企業再生支援協議会）に取り上げてもらうことは

〔資料2〕

事例紹介（第二会社方式の自主再建型再生計画） 桜通り法律事務所

事業規模	年商：数千万円程度の日本酒製造事業 借入金：10年近く前に信用保証協会に代位弁済、酒造組合に代位弁済、サービサーに債権売却されていた（元本80M、遅延損害金120M） 公租公課：前代表者の所有する酒蔵底地の固定資産税の滞納が40M
窮境に至った事情	先代の時代の経営の失敗、金融機関との信頼関係の喪失
受任の経緯	数年前に長男負担に事業承継され、事業性が高まっていたところ、他の酒蔵（＝第二会社方式で日弁連の特定調停スキームで再建を図った事業体）からの紹介 固定資産税があり、当初は、数値基準を満たす再生計画策定は困難と検討
再生プランの大枠	Ⅰ　固定資産税の消滅（地方税法15条の8第1項） Ⅱ　第二会社方式による自主再建 Ⅲ　過剰債務の切断
手続選択	活性化協議会による再生計画策定
保証債務整理との関係	経営者保証ガイドラインにおける一体整理
特徴（悩みどころなど）	・固定資産税の扱い ・基準となる債権金額の確定 ・自主再建型の場合における承継債務額の確定（→事業価値算定、数値基準適合性、実態債務超過との関係等で説明） ・一括弁済か、分割弁済か（→協議会の支援による地元銀行からのニューマネー調達） ・信用保証協会の求償権の扱い（求償権消滅保証）

自主再建の意義を述べた論稿（本件の事例とは無関係）：事業再生と債権管理第177号77頁「債権放棄案件における「自力再建型」の事例」

難しいと考えていました。仮にできるとしても特定調停ぐらいしかないと思ってはいたのですが、幸い、この固定資産税について、差押えをして財産がないとして執行停止となり、3年たつと債務が消滅するという地方税法の規定[2]に基づいて固定資産税を消滅してもらうことができたということで、私的整理が前に進んだ案件です。

　当事案は、近時非常に多くあるスポンサー型ではなくて、自主再建で対応したのが特徴だと思っています。自主再建については、新会社へ持っていく債務をどのように決めるのかが非常に大きく論点になるわけですが、特徴の3つ目にありますように、事業価値算定を行って事業価値と同程度の有利子債務額を新会社に承継する、実態純資産との比較をしつつ、3・5・10という数値基準の適合性を踏まえて、合理的な債務額を新会社に承継させるという形で対応した事例です。

　自主再建型での第二会社方式の場合、旧会社から新会社が事業価値相当額の有利子債務を会社分割時に承継し、分割弁済するスキームが一般的だったと思うのですが、この事案の特徴として、中小企業活性化協議会（中小企業再生支援協議会）の支援で地元の金融機関から新会社が融資を受けて、その受けた融資で旧会社に会社分割の対価を一括で払うというスキームができたものです。中小企業活性化協議会（中小企業再生支援協議会）の様々な地元の金融機関とのネットワークで対応できた事例だと思っています。

　最後にある「求償権消滅保証」は、自主再建型の場合に使うものですが、一度、求償権化したものを新会社が金融機関から融資を受ける際に保証協会が再度保証を行って、従前の求償権を消すという仕組みになります。

(3)　中小企業再生支援スキーム

　3つ目の事例ですが、〔資料3〕の小規模な温泉旅館の事例になります。年商1億円強の旅館ですが、特徴として、再生プランの大枠にあります通り、温泉権の承継が難しいという事情があり、いわゆる第二会社方式が使えないという特徴

---

2)　地方税法15条の7の1項1号、4項参照。

〔資料３〕

| 事例紹介（中小企業再生支援スキーム） | 桜通り法律事務所 |

事業規模	地域の小規模温泉旅館 年商1億強（営業赤字） 3億強の実態債務超過 4億円の有利子債務
再生の経緯	コロナの影響による資金繰りの急速な悪化、設備投資を自助努力でねん出困難
受任の経緯	顧問税理士の紹介（早期から主要行と協議を開始）
再生プランの大枠	直接債権放棄（温泉権承継が不可） スポンサー決め打ちスキーム（スポンサーによる出資と貸付）
手続選択	企業再生税制を活用するため、全国本部に相談の上、中小企業再生支援スキーム ※民事再生、事業再生ADRは難しい。評価減ができないスキームは採用不可。
保証債務整理との関係	経営者保証GLに基づく一体整理 それぞれ相応の資産を残す形で計画を立案した。
特徴（悩みどころなど）	会社： ・スポンサー1社決め打ちで良いのか（実態債務超過額を超える債権放棄は不可などと交渉、事業価値算定） ・駐車場の取扱い（事業用不動産にするのか売却するのか。売却前提にする場合、売却できない場合、様々問題を要する。） 保証人： ・医療法人の出資持分の評価をどうするのかなど資産評価に悩みあり。 ・医療費の見込を踏まえてのインセンティブ資産を残す計画で良いのか。

参考：事業再生と債権管理第175号156頁「第二会社方式が取れなかったため、小規模な温泉旅館について、中小企業再生支援スキームを利用して事業再生を図った事例」

がありました。

　私的整理だと税務上の理由や信用保証協会の意向等により、第二会社方式で検討することが多いです。もっとも、第二会社方式が無理な場合に、中小企業活性化協議会では企業再生税制が使えるスキームが用意されているので、中小企業再生支援スキームを使って対応したということが大きな特徴としてございます。こちらの事例については、「事業再生と債権管理」（175号〔2022年1月5日号〕156頁）にも掲載していますので、ご確認いただければと思います。

　中小企業再生支援スキームを活用することにより、不動産の移転コストがかからない、特別清算の手間とコストがかからない、契約承継・許認可承継が不要であることなどメリットは非常に大きいものがあります。中小企業再生支援スキームの活用事例は、近時、増えてきているようです。

　第二会社方式が無理な場合のみ活用するというのではなく、コストの面、その

他の理由で今後もう少し活用されてもよいように思います。中小企業活性化全国本部に相談に行くとよいと思います。

2 中小企業活性化協議会の手続メニュー

中小企業活性化協議会の手続メニューは〔資料４〕のとおりです。左側が補助金支給事業で民間プレイヤーが中心となって行う私的整理手続を補助金の側面で支える事業になり、右側が中小企業活性化協議会自身が行う支援になります。中小企業活性化協議会自身が行う右側の支援に関しては、いわゆる再生支援だけでなくて、収益力改善支援や暫定リスケと言われるプレ再生支援や再チャレンジ支援など、様々な支援ができるのが大きな特徴です。

3 中小企業活性化協議会と他の手続との比較

他の手続との比較ということですが、〔資料５〕にありますとおり、準則型私的整理で最初にできたのが私的整理に関するガイドラインで、事業再生ADRより上に記載の手続については企業再生税制が利用できるという形になります（ただし、中小企業活性化協議会の中でも「中小企業再生支援スキーム」は企業再生税制が利用可）。中小企業において主に使われているのは中小企業活性化協議会と中小企業事業再生等ガイドライン、この２つなのかなと思います。

〔資料６〕は様々な私的整理の比較となります。事業再生ADR、中小企業活性化協議会等の中で違いとしては数値基準です。中小企業活性化協議会と中小企業事業再生等ガイドラインは①３年以内の黒字化、②５年以内の債務超過解消、③キャッシュフロー倍率10倍以内という数値基準があります。②の債務超過の解消年限と③の私的整理ガイドラインや事業再生ADRでは求められていない点が異なります。また、日弁連の特定調停スキームは、小規模事業者向けにつくられているという背景もあり、このような数値基準がないという特徴があります。数値基準を満たさない場合の対応は、先ほど加藤先生の説明にもあったとおりかと思います。

協議会手続と他の手続との比較ですが、協議会の特徴として大きいのは、中小

〔資料４〕

中小企業活性化協議会の手続メニュー　　　　　桜通り法律事務所

「中小企業の駆け込み寺」としての機能を強化し、中小企業からの幅広い窓口相談を実施。

	民間プレーヤーを活用した支援　中小企業の事業再生等に関するガイドライン等に基づき支援	中小企業活性化協議会自身による支援　中小企業活性化協議会実施基本要領に基づき支援
収益力改善フェーズ	【早期経営改善計画策定支援】金融経営改善に至る前で、早期の経営改善を必要とする事業者が対象。事業者は、経営革新等支援機関の助けを借りて、資金繰り計画等の基本的な計画（早期経営改善計画）を策定。	【収益力改善支援】有事に移行する恐れのある中小企業が対象。収益力改善計画（収益力改善アクションプラン+簡易な収支・資金繰り計画）の策定を支援。
再生フェーズ	【経営改善計画策定支援】（中小版GL枠を新設）リスケ、新規融資等の金融支援を必要としているものの自らの力では経営改善計画を策定できない事業者が対象。事業者は、経営革新等支援機関の助けを借りて経営改善計画を策定。2022年から、中小企業の事業再生等のための私的整理手続（中小企業の事業再生等に関するガイドライン（第三部）。「中小版GL」という。）に基づき、私的整理に取り組む事業者を支援するために、計画の策定費用等の補助を実施。	【プレ再生支援】将来の本格的な再生計画策定を前提とした経営改善を支援。【再生支援】収益力のある事業はあるものの、財務上の問題がある事業者が対象。事業者は、専門家の助けを借りて、抜本的な再生手法を含む再生支援を実施。
再チャレンジフェーズ		【再チャレンジ支援】事業継続が困難な中小企業、保証債務にも窮る経営者等が対象。円滑な廃業・経営者等の再スタートに向け、中小版GLや経営者保証GL等を活用し、弁護士等の外部専門家をサポート。

(出所) 中小企業庁HP (https://www.chusho.meti.go.jp/keiei/saisei/01.html)を基に作成

◆ 活性化協議会自身（図の右側）が行う支援メニューは豊富であり、収益力改善支援、プレ再生計画策定支援、再生計画策定支援、再チャレンジ支援がある。
◆ 活性化協議会では、中小企業者が経営相談を無料で行うことが出来る。
◆ 協議会自身の支援ではないが、補助金支給業務も行っている（図の左側）

　企業活性化協議会の場合は、とにかく手続メニューが豊富で、プレ再生計画や中小企業再生支援スキームなど、様々な手続が対応できる、常駐する専門家がいるということかなと思います。

　また、中小企業活性化協議会か中小企業事業再生等ガイドラインか特定調停かを検討する際には、やはり事業者の置かれている状況や、あとメイン行の意向で決まることが多いと考えています。中小企業活性化協議会の手続の場合は、中小企業活性化協議会事業が始まって長いということもあって金融機関の信頼があること、また中小企業活性化協議会の場合は常駐専門家がおり、金融調整機能があるので、そのような面で助けられることが多いと思います。

　ただ、注意点として、中小企業活性化協議会の場合は地域ごとの特徴だとか運用があって、例えば不動産の保全評価を正常評価でやるのか早期処分でやるのかとか、地方ごとに運用が違うこともあります。実務的には、特に法的整理との比

〔資料5〕

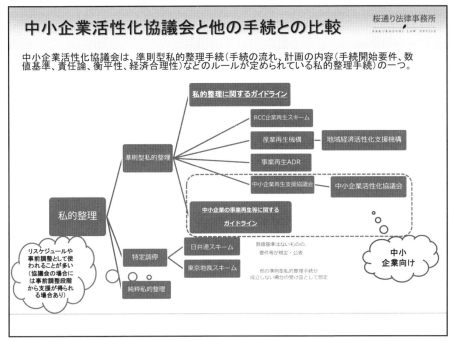

較に関して言うと、資金繰りが続くかどうかでスキームが変わることが多いですが、最近はプレDIPファイナンスを扱う金融機関、プレーヤーも増えているので、それらのプレイヤーの意向によってもスキームが影響を受けると思います。それでもなお難しい場合は法的整理ということになります。

〔資料7〕ですが、中小企業活性化協議会と中小企業事業再生等ガイドライン、どちらでも可能である場合はどのような対応で検討を行うかということですが、①で従前の手続と書きましたのは、中小企業活性化協議会の場合には、もともとプレ再生や収益力改善など、前の手続が走っていることがあるので、そのような場合は当然、中小企業活性化協議会を活用することが多いということになります。

あと、スピード感です。スピード感で中小企業事業再生等ガイドラインを選ぶということもあるでしょう。ただ、中小企業活性化協議会でも早期に対応しても

〔資料６〕

中小企業活性化協議会と他の手続との比較　　桜通り法律事務所

スキーム	事業再生ADR	中小企業活性化協議会	中小企業の事業再生等に関するガイドライン	日弁連特定調停スキーム
概要	事業再生実務家協会が実施するADR実施機関	全国47都道府県の商工会議所等に設置されている事業再生支援等を行っている機関	中小企業・金融機関それぞれが果たすべき役割を明確化し、事業再生・廃業支援に関する基本的な考え方を示すとともに、「中小企業の事業再生等のための私的整理手続」を定めたもの	日弁連が最高裁や中企庁と協議し、作成したものであり、事業再生、廃業支援、経営者保証ガイドラインの3つの手引がある 同意の見込みを得ておくよう事前調整が必要とされる
対象及び数値基準（経常利益、実質債務超過解消、CF倍率）	中規模規模以上の企業向け（3年以内の経常黒字化、実態債務超過解消）	中小企業向け（3年以内の経常利益黒字化、5年以内の債務超過解消、CF倍率10倍）	中小企業向け（3年以内の経常利益黒字化、5年以内の債務超過解消、CF倍率10倍）	小規模事業者・中小企業向け（数値基準無）
数値基準を満たさない場合の対応		①プレ再生計画（暫定リスケ）、②小規模企業者の特例（別冊「再生支援実施要領」2(5)⑩①、同QA31,32参照）	①暫定リスケなし、②小規模企業者の特例による合意計画の許容（GLⅢ4項(4)②、同QA64-66参照）	
廃業型手続	-		あり	あり
金融調整の主体	代理人弁護士	中小企業活性化支援協議会（代理人弁護士と協働）	主体は債務者自身・民間プレイヤー（外部専門家の弁護士等）	代理人弁護士
計画検証の主体	手続実施者（弁護士および公認会計士）	統括責任者または専門家アドバイザー（弁護士等）	第三者支援専門家（弁護士および公認会計士）	調停委員
調査報告書有無	有		有	無
手続費用（費用補助）	▲	○（協議会AD分の補助有）	○（中小GL枠の補助有）	△（405枠の余地有）
経営者責任	退任が原則	明確化を求めるが、退任を必須としない。	明確化を求めるが、退任を必須としない。	
特徴	・一時停止のタイミングでDDと再生計画策定が必要 ・債務者側が作成した計画を第三者が確認する検証型が原則形態 ・企業再生税制の活用が可能	・返済猶予等の要請時点でDDや再生計画を策定していなくても対応可能 ・相談機能があるほか、手続メニューが豊富（プレ再生計画、中小企業再生支援スキームなど、企業再生税制を活用するスキームもあり） ・費用補助がある（代理人の費用も補助の対象） ・協議会の財務アドバイザーが計画策定に関与する「通常型」が原則形態	・一時停止要請の時点でDDや再生計画を策定していなくても対応可能（債権放棄案件でも基本方針あり） ・債務者側が第三者支援専門家（調査報告書を作成する弁護士等）を選定 ・協議会スキームの検証型に近いスキーム ・費用補助がある（代理人の費用も補助対象となりうるが、会計士については二重の費用負担の場合あり）	・17条決定がある ・裁判所（調停委員）の関与 ・DD不要等踏まえること、調査報告書がないことなどの理由により、事案によっては、簡易、迅速、安価な処理が可能

らえることもあるので、これもケース・バイ・ケースだと思います。

　地元性と書きましたけれども、例えば先ほどの酒蔵の案件であれば、中小企業活性化協議会のサブマネの方が地元の金融機関と折衝して新規融資の調整をしてくれたこともありますし、そのような地元での信頼関係や人間関係は中小企業活性化協議会に分がありそうです。

　あと、困難案件か否かということで、難しい案件で中小企業活性化協議会の常駐専門家や中小企業活性化全国本部の支援を受けながら対応すべき事案は、中小企業活性化協議会ということになるでしょうし、スピード感であれば中小企業事業再生等ガイドラインとか、そういった事情もいろいろあるかなと思います。逆に、非常に困難事案で、中小企業活性化協議会では、再生支援開始が始まらない事案は、中小企業事業再生等ガイドラインで進めるか法的整理を検討することもあるでしょう。

第1部　中小企業の事業再生手続の概要

〔資料7〕

中小企業活性化協議会と他の手続との比較

桜通り法律事務所

- 協議会スキームか、中小GLのいずれでも活用が検討できる場合の考慮要素：
①従前の手続、②主要債権者の意向（協議会と地元行の信頼関係の度合い、歴史）、③スピード感、④地元性（地元の地域再生ファンドを活用、地元金融機関との調整等）、⑤費用補助、⑥困難案件か否か（全国本部の支援や協議会SMの支援を依頼したい→協議会、早期に手続開始→中小GL）、⑥早期に再生計画策定ができるか、暫定リスケを挟むべきか（暫定リスケの可能性→協議会（プレ再生計画）。ただし中小GLでも数値基準を満たさない計画を排除しているわけではない）など
- 中小GLの場合には主要行と民間プレイヤーの判断で主導的に決められるので、早期の手続開始が得られやすい面があるが、協議会でも早期に対応することが出来ることもある（必ずしも決定的とまでは言えない）
- 収益力改善支援、暫定リスケ（プレ再生支援）・中小企業再生支援スキームなど協議会しかないメニューの存在。
- 特定調停スキームについては、小規模事業者において、他の手続の利用が困難な案件などで複数案件の経験あり（代理人主導型）。今後は中小GLと特定調停との棲み分け（使い分け）が議論になる可能性。
- スポンサーへの事業譲渡を目指す抜本債権放棄の類型の取扱い。→活性化協議会では、再生型で対応。中小GLの場合、再生型と廃業型のどちらの類型で進めるべきか。

　あと、特定調停スキームですが、小規模事業者だとか、もしくは中小企業活性化協議会や中小企業事業再生等ガイドラインでなかなか早期に手続開始ができないという場合において対応する際、非常に有用なスキームだと思います。特定調停スキームの場合、第三者支援専門家が不要となるので、費用感として、安いという特徴があります。今後、特に小規模の廃業型や廃業済み型の事案[3]などそうかもしれませんが、中小企業事業再生等ガイドラインと特定調停とのすみ分けをどうするかが議論になる可能性はあるかなと思います。

　あと、スポンサーへの事業譲渡を目指す抜本債権放棄の案件がありますが、こういう場合、中小企業活性化協議会の場合は再生型で対応していたということになるかと思います。

3）　廃業済み型の事案は補助金の対象にならないので、費用面から特定調停を使うことに分があるとも言える。

では、中小企業事業再生等ガイドラインの場合、事業譲渡をする案件、これは再生型でも廃業型でも、どちらでも対応できる余地があるように読めるわけです。どちらの類型でやるべきか、このあたりはまだ十分議論されていないところもあるかと思うので、後ほどのパネルディスカッションでも議論していければと考えています。

③ 特定調停

弁護士　髙井　章光

　金融機関の皆さんからは、特定調停を使ったことがない、というお話も伺っておりますが、特定調停も中小企業の事業再生・廃業手続のメニューの１つです。特定調停について、どのような使い方があるのかというところを中心に、今日はご報告したいと思っています。

　まず、特定調停の歴史について〔資料１〕をご覧下さい。2000年に議員立法によって民事再生法と一緒に誕生しています。ただ、その後、企業再生において日の目を見るようになったのは、金融円滑法が終了した後の対応ということになります。経営者保証ガイドラインが、ちょうど同じ2013年12月５日に成立していますが、その日に日本弁護士連合会（日弁連）が日弁連スキームというものをつくったことが１つの契機と言えます。その後、2014年には経営者保証ガイドラインを特定調停で使う場合の手引、2017年には廃業型の手引と３種類の手引を作成し、さらにそれを改定しているというのが現状です。

　特定調停については、日弁連スキームにて、主に簡易裁判所にて、中小企業、特に小規模企業を中心として、事業再生や廃業を行う実務が少しずつできている中で、2020年４月、東京地裁から、中小企業の中でも中堅企業に向けて柔軟な対応ができる運用が発表されています。

　そのような特定調停ですが、〔資料２〕にもございますとおり司法型ADRと言われております。特定調停法という法律の下で手続が行われますが、15条を見ますと、経済合理性の確保が必要だとされています。特定調停法は、実はいろいろなメニューが用意されていて、７条では民事執行手続の停止が規定されており、民事再生手続での保全処分のような手続が可能です。15条では調停委員に

〔資料1〕

> ### 特定調停とは
>
> ２０００年　「特定債務等の調整の促進のための特定調停に関する法律」（特定調停法）施行
>
> 　　　　　（参考）同年　民事再生法　施行
>
> ２００９年　　中小企業金融円滑化法施行
>
> ２０１３年３月　中小企業金融円滑化法終了
>
> ２０１３年１２月５日「金融円滑化法終了への対応策としての特定調停スキーム利用の手引き」（日本弁護士連合会）
>
> 　　　　　（参考）同日　経営者保証ガイドライン　公表
>
> ２０１４年１２月「経営者保証に関するガイドラインに基づく保証債務整理の手法としての特定調停スキーム利用の手引き」（日本弁護士連合会）
>
> ２０１７年１月「事業者の廃業・清算を支援する手法としての特定調停スキーム利用の手引き」（日本弁護士連合会）
>
> ２０２０年２月　改定・・・名称変更・３つの手続の平仄合わせ
>
> ２０２３年１１月　改定・・・中小企業版私的整理手続・廃業時における「経営者保証ガイドライン」の基本的考え方対応

よって調停条項の提案ができること、16条は当事者があらかじめ調停委員会から提示された調停条項案を受諾する旨の書面を提出していた場合に、他の当事者が期日に出席して当該調停条項案を受諾すれば調停が成立するということが規定されています。その調停条項については、「公正かつ妥当で経済的合理性を有する内容のものでなければならない」とされ、特定調停には細かい準則はないのですが、経済合理性を有するものでなければ調停条項としては成り立ちません。その点を調停委員会がチェックするという手続になっています。

そのほか、〔資料２〕「７．税務処理」にある通り、日弁連スキームにつきましては国税庁照会の回答をいただいておりまして、企業においては期限切れ欠損金の利用ができ、債権者側としては損金処理ができるとされています。

さらに、特定調停法は民事調停法の特則ですので、民事調停法も適用されることになりますが、よく使われる条項として民事調停法の17条があります。いわ

〔資料2〕

特定調停の特徴−司法型ＡＤＲ

1. 特定調停は民事調停の特則
  ・・・民事調停法の適用（特定調停法２２条）民事調停法１７条等
2. 調停委員の専門性（特定調停法８条）
3. 調停における経済合理性の確保（同法１５条ほか）
4. 民事執行手続を停止する措置（同法７条）
5. 管轄が緩やか（同法４条、６条）
6. 調停委員会の調停条項をもって当事者が合意したものとみなす（同法１６条、１７条）
  →現在は、民事調停法１７条の利用が一般的
7. 税務処理
  ※日弁連スキームにつき、２０１４年６月、２０１８年６月 国税庁回答（日弁連ＷＥＢサイト掲載）

ゆる「17条決定」というもので非常に多く活用されています。賛成はしていないけれども反対もしていない債権者がいる場合に、裁判所から合理的な計画を決定という形で出す。それを各当事者に送付して、当事者から異議がないまま2週間経過すれば、それで計画が成立するという形になりますので、積極的賛成がなくても成立するという形で機能しています。また後でこの規定を利用した事例はご説明したいと思います。

　日弁連スキームは、先ほど申し上げた経緯にて作成された訳ですが、〔資料3〕のとおり、一体再生型、単独型、廃業支援型と3種類あります。特徴としては、「簡易裁判所で、地方裁判所本庁併置の簡易裁判所が推奨されます」とされている点になりますが、私は最近様々な簡易裁判所で申立てを行っております。上記のようにガイドラインとしては書いてありますが、実際に利用する場合には地裁本庁併置の簡易裁判所以外の簡易裁判所でも対応できます。

〔資料3〕

> # 日弁連スキーム
>
> ## 1．特徴
>
> 【一体再生型】事業者の事業再生を支援する手法としての特定調停スキーム利用の手引
> 【単独型】経営者保証に関するガイドラインに基づく保証債務整理の手法としての特定調停スキーム利用の手引
> 【廃業支援型】事業者の廃業・清算を支援する手法としての特定調停スキーム利用の手引
>
> ① 地方裁判所本庁併置の簡易裁判所にて実施
> ② 申立前段階で、申立代理人が主体的に金融債権者と調整を実施し、その後の特定調停によって同意が得られる一定の見込みがあることを前提（事前調整型）
>   → 「同意の見込み」・・・『経過報告書』にて交渉経緯を報告
> ③ 原則として、特定調停手続内にて財務等DDは実施せず、1，2回の期日での成立
> ④ 手続費用が比較的安価
> ⑤ 清算型も廃業型も、法人も個人も、一体型もすべて対応可

　〔資料3〕②に記載しているように、同意の見込みを得るための事前調整をしてから調停に持ち込まなければなりません。ただ、同意の見込みを得ることについては、どのような経過でバンクミーティングを行ってきたのかを書面にて報告すればよいことになっており、その書面を添付して調停を申し立てることになります。原則として、調停手続が開始されたのち、一、二回の期日で終結することを念頭にしていますので、裁判所の調整の手続では調停委員がいて対応しますが、財務デューデリジェンス等を調停手続の中で行うことは予定していません。日弁連スキームでは小規模な中小企業が対象の中心になっておりますので、簡易、迅速かつ手続費用が安いことを前提としています。特定調停は廃業支援型もありますので、法人が廃業支援型において保証人と一体整理、法人と保証人の一体再生型、保証人のみの単独型という形で利用されています。

　具体的な手続は〔資料4〕のとおりです。日弁連のホームページにございます

〔資料４〕

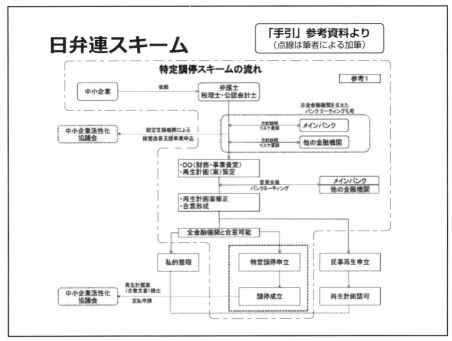

　日弁連スキームの手引の参考資料から引用した図ですが、線で囲ってあるところをご覧下さい。まず、企業が弁護士、税理士、公認会計士に依頼して手続を進める形になります。メインバンクにご相談したうえで、ほかの金融機関にもご相談することになりますが、バンクミーティングを行うこともよくあります。その中でデューデリジェンスを実施し、再生計画案をつくり、またそれらの内容について中小企業と債権者が意見交換したうえで、ある程度再生計画案の内容が見えた段階で、いろんな論点が少し残るかもしれませんが、これで行けるだろうといったようなところで調停申立てをします。その後の最終調整を調停手続で実施して調停が成立するということになります。

　〔資料４〕の図の左側に中小企業活性化協議会と書いてありますが、認定経営革新等支援機関（認定支援機関）による経営改善支援事業の対象ですので、中小企業事業再生等ガイドラインにおける第三者専門家等の費用と同様に、特定調停

〔資料５〕

特定調停による迅速な再建案件①

① 地域中核病院の特定調停事案
　（１）病院の概要
　　　➢ 設立から約３０年の医療法人
　　　➢ 総合病院（９０床）、地域ケアセンター（診療所、デイケア、ショートステイ）、介護福祉施設（デイサービス、ショートステイ、サービス付き高齢者向け住宅）
　　　➢ 医療収益（売上高）　３１億〜３３億円
　　　➢ 経常利益　　▲１億５０００万円〜２億円
　　　➢ 債務超過額　帳簿５億円（実態　２１億円）
　　　➢ 資金繰り　７月上旬の賞与手当、８月上旬の支払手当が不可
　（２）債権者の概要（負債総額約２７億円）
　　　➢ メインバンク（地域信金）　負債総額約１８億５０００万円
　　　➢ 準メイン（地域地銀）　　　同　　　　７億５０００万円
　　　➢ 信用保証協会　　　　　　　同　　　　　　８０００万円

に関与した専門家の費用についても実は補助金が出ることにはなります。詳しくは日弁連の手引等を見ていただければと思います。

　少し具体的な案件の説明に入りたいと思います。再建型、廃業型、それから保証人のみのパターン、特定調停を利用する場合にはいろいろな場合があるかと思います。先ほど他の報告者の報告にて出ていたお話の中でも、迅速性が問われるケースでは今までにおいては特定調停を使うであろうというお話が出ていました。今回、ご紹介するケースでも比較的そのような迅速性が問われる案件が多くあります。迅速性が必要となるケースで、弁護士主導で行うケース、このようなケースですと中小企業事業再生等ガイドラインの第三部の私的整理手続と全く重なるようなところなので、今後のすみ分けが話題になってくるとも思っています。そのほか、民事調停法17条決定が使える点や、廃業型案件も対応できるという点に特定調停の特徴があります。

〔資料６〕

特定調停による迅速な再建案件①

（３）経過
- 相談　　　　　　　　　　　　２０１９年４月上旬
- 会計事務所による調査　　　　同年４月中旬
- 金融機関調整　　　　　　　　同年５月中旬
- バンクミーティング　　　　　同年６月上旬
- 準メイン銀行からの応諾　　　同年６月下旬
- 特定調停申立て（簡易裁判所）同年６月末
- 債権調査期日　　　　　　　　同年８月上旬
- 調停期日　　　　　　　　　　同年８月下旬
- スポンサーによる支援実施　　同年８月末

（４）支援スキーム

（５）３行に対し合計２７億円の負債をスポンサー企業に不等価債権譲渡
- 保証人は、経営者保証ガイドラインにより一体整理

　具体的な案件についてご紹介いたします。〔資料５〕〔資料６〕は、三森仁先生と一緒に携わらせていただいた案件でして、北関東の中核病院を対象とした特定調停にて、スポンサーがついて再建した案件です。医療収益を見ますと、売上高が31億円から33億円、経常利益がマイナス１億5000万円から２億円、債務超過が帳簿価格では５億円、実態は21億円となっております。中堅規模ですけれども、結構大きな医療法人で、〔資料５〕にあるような病院施設とか地域ケアセンターを持っておりました。

　ただ、問題が資金繰りにあり、相談を受けたのは４月頃だったのですが、７月上旬の賞与手当ができず、それを何か手当できたとしても８月上旬の支払いができないという状況で、債務整理の結果が４カ月間くらいで目処が立たないと資金ショートしてしまうという案件でした。

　債権者が27億円の負債で、信用金庫がメインで、地方銀行が準メインという

形で、信用保証協会が入っていたという案件です。我々が相談を受ける前に中小企業活性化協議会に相談したのですが、4カ月間で計画を策定・成立するのは難しいということで、日弁連特定調停スキームに至ったと聞いております。

　経過は〔資料6〕のとおりですが、4月に相談があって債務整理手続が始まりました。その後、債務者側が依頼した公認会計士事務所にデューデリジェンス資料の作成をお願いし、さらに、金融機関にそのデューデリジェンスの結果の説明、再建方針、スポンサー候補者をご紹介することなどを5月中旬に行いました。この段階の対応は金融機関に対して個別に持ち回りで実施しています。このような下準備をした上でバンクミーティングを実施したのが6月上旬です。メインの信用金庫は、債務者が地域の中核病院ですので危機意識が高く、資金繰りも危ないということで、債務者が提示した再建策について、この方法しかないと早い段階から積極的な支援の表明をしていただいていたんですが、準メインの地方銀行は、今までメインの信用金庫がある程度支えていたにもかかわらずこのような事態に至ったということに不信を感じていたようです。民事再生でもいいのではないかという準メインの強い意向がありまして、この説得に少し時間がかかりました。その説得が終わった上で、6月末に特定調停の申立てをしました。

　この流れの中で、裁判所にも並行して申立てを行う予定であることのご説明をしていたのですが、資金繰り破綻が間近となり急いでいたところ、調停期日が8月下旬になってしまいました。これは私も意外だったんですが、担当裁判官が夏休みを取ってしまい調停期日が入らないという事態になってしまい、内心では「とんでもない」と思いながら、債権者には「大丈夫ですから」と言いながら、ぎりぎり8月末にまとめたという状況でした。調停期日は、1回でまとまった案件です。

　スキームとしては、3行合計27億円の負債について、不等価にて債権譲渡をしていただきました。債権カットではなくて、スポンサーが用意した受皿会社に債権譲渡をしていただいたということになります。保証人については、経営者保証ガイドラインにより一体整理を行いました。特定調停ですと、事件番号は違うのですが、バンクミーティング方式ですので一体として行うことになります。中

〔資料7〕

```
特定調停による迅速な再建案件②

②　特定調停による事業譲渡案件

➢ 創業　約50年　メーカー　（従業員　約10名）
➢ 営業利益がプラスマイナスゼロのような状態
➢ 新型コロナウイルス禍の影響で2020年4月から売上げが激減し、
　10月には資金ショートの危険
➢ 負債総額約1億円　地銀（信用保証協会付）、政府系金融機関
➢ 取引先に支援を求め、1社がスポンサー支援に名乗り出る
➢ 事業譲渡（代金500万円）のほか、リース負債（約500万円）
　債務引き受け、担保物件の買取（約1000万円）
➢ 代表者については経営者保証ガイドラインを適用
```

小企業活性化協議会等と同じような方式です。保証人個人の保証債務整理についても、同じ手続の中で話をすることになります。

　このような中規模案件について特定調停（日弁連スキーム）にて対応した案件もあれば、次にご説明する〔資料7〕〔資料8〕については、小規模企業であり、本当に小さな会社のケースとなります。従業員は10名ぐらいです。営業利益はプラスマイナスゼロのような状況にて、負債は総額1億円にて、地方銀行による貸付金が信用保証協会付であるのと、政府系金融機関による貸付金があります。スポンサーがいたわけですが、これも3、4カ月で資金がショートするところでしたので、中小企業活性化協議会では扱いが難しいという回答であったことから、特定調停（日弁連スキーム）に至ったという形になりました。

　このような形でスポンサー協議を行って、11月に申立てができる段階になったのですが、1行の内部調整で時間がかかって年が明けてしまいました。ただ、

〔資料8〕

特定調停による迅速な再生案件②

➢スケジュール
　２０２０年９月　スポンサー協議・金融機関調整
　　　　１１月　金融機関において再生計画の内容及び特定調停利用について了解
　２０２１年２月　調停申立て（一体型）
　　　　４月　第一回期日（成立）
　※その後、特別清算にて清算

11月時点で、金融債権者すべてからほぼ了解が取れたということで、スポンサー支援が入っており、その後に特定調停を申し立て、これも調停期日は1回で成立という形になりました。その後、特別清算にて清算しておりますが、これは、信用保証協会の保証が入っている場合には、中小企業活性化協議会もそうですが、私的整理では求償権放棄ができない場合があります。議会の承認決議を経ないと求償権放棄ができないというような場合がありまして、その問題を条例で手当ができていればいいのですが、このケースの信用保証協会の地方自治体では条例での手当ができていなかったので、特定調停の整理手続を実施した後に、特別清算で処理をしたという案件になります。

　今までは簡裁における特定調停スキーム（日弁連スキーム）を紹介しましたが、簡裁ですと先ほど申し上げたように第三者の報告書を得る手続がありません。第三者の報告書がないと債権者としては、債権放棄についてなかなか納得し

〔資料９〕

特定調停による迅速な再生案件③

③　事業協同組合の特定調停（東京地裁）

《事前調整後》
２０１０年４月７日調停申立
　　　　　　　４月１２日裁判所面談（調査嘱託先も参加）
　　　　　　　４月１３日第１回期日
　　　　　　　５月１０日第２回期日
　　　　　　　（５月２８日調査報告書提出）
　　　　　　　６月１０日第３回期日　１７条決定
　　　　　　　（２週間後異議なく成立）

スキーム：遊休資産売却、新会社を設立し不採算事業を移転
　　　　　⇒資産売却代金と事業譲渡代金にて一括弁済

にくいということがございます。その場合、東京地裁等の地裁では調査嘱託という形で、調査嘱託先の専門家が調査報告書を作成し裁判所に提出するという運用をしております。少し古い案件ですが、東京地裁で行った案件をご紹介します。

〔資料９〕をご覧いただきたいのですが、これはメガバンク１行と日本政策金融公庫が入っていた案件で、両方から17条決定（民事調停法17条決定）でやってほしいという要望があったものですから、特定調停を申し立てた上で17条決定をした案件です。この場合、裁判所は調査嘱託を行って、事業再生に非常に明るい弁護士の先生に調査を依頼しまして報告書をつくっていただきました。４月12日に面談して調査内容について確認した上で、５月28日に報告書を提出していただいたということで、１カ月半で作成していただきました。その上で、６月10日の期日にて、ほぼ調停は成立している状態なのですが、形だけになるが行ってほしいという金融機関の要請に応えて、裁判所は17条決定を出し、その

第1編　シンポジウムの概要

〔資料10〕

特定調停による迅速な再生案件④

④　輸入システムキッチン販売会社の特定調停
　　（東京地裁）

２０１７年６月初旬　代表者急死　スポンサー探し（１０月末資金ショート）
　　　　　７月後半　第１回バンクミーティング
　　　　　８月初旬　第２回バンクミーティング　金融機関から特定調停の要望
　　　　　８月２８日調停申立　その後すぐに調査嘱託
　　　　　　　　　（スポンサー選定は２社に絞られる）
　　　　　９月３０日　調査報告書作成
　　　　　　　　調査事項：財務ＤＤや窮境原因・経営責任の調査のみならず、スポンサー選定手続の適正性、スポンサー候補者の事業計画の履行可能性
　　　　　　　　（９月初旬にスポンサー候補内定　基本合意締結）
　　　　　１０月１８日調停期日にて調停成立
　　　　　１０月末　事業譲渡実施
　　　　　その後　特別清算により清算

後、２週間異議がなかったので成立しています。申立てから３カ月間で成立したという案件になります。

　次の案件も、三森仁先生が調査嘱託先となり、私が補助者として行った案件です。たしか事業再生ADRで作成するレベルの詳細な報告書を作成した記憶があります。〔資料10〕をご覧ください。2017年の６月初旬に代表者が急死してしまいスポンサー探しを始めたところ、特定調停等何らかの手続を実施するよう債権者から会社に対して要請があったということであり、申立代理人が特定調停を８月28日に申し立てました。ただ、スポンサー選定はそのころほぼ同時に始まっていますので、まだスポンサーが決まっていないという状態であり、特定調停の手続とスポンサー選定が並行して行われたという状況です。10月末には資金ショートする予定のため、９月30日に調査報告書を提出し、10月中に調停成立が必須であったので、１カ月間で調査報告書を作成いたしました。スポンサー選

〔資料11〕

```
特定調停による廃業・清算事例
(1) 会社概要
   【法人】スポーツ施設運営　2017年12月に施設売却後は事業停止
   【保証人】代表取締役、その妻、その長男
(2) 負債　地域農業協同組合】1億4800万円
         社会保険　480万円
(3) 経過
   ➤ 2016年11月　金融機関から施設について競売申立
     2017年5月　金融機関交渉開始　その後、任意売却の申し入れ
         8月　裁判所競売実施処分取り消し　任意売却
     2018年4月　会社清算・保証人ガイドライン（特定調停）方針
     2018年夏　長男が保証否認の主張　金融機関と協議
         →経営者保証ガイドラインに準じての和解に同意
     2019年4月　会社所有山林資産売却
               早期清算のため、特別清算から特定調停の方針へ
         8月　特定調停申立て（会社、代表者、妻、長男）
         9月　第1回期日　調停成立
```

定が並行しているにもかかわらず、スポンサー候補者の事業計画の履行可能性まで調査報告の事項になっていましたので、非常に短期間での忙しい作業であったわけですが、第1回バンクミーティングが7月末、調停申立てが8月28日、調停成立が10月末ですから、3カ月間で終わった案件でした。

　続いて〔資料11〕、これは廃業型の案件で、特別清算で進めようと思っていたのですが、2018年8月、長男が保証否認を主張したところ、一部、確かに父親である社長が勝手にサインしてしまったのが見つかりました。保証人のサイン全部が偽造ではなかったんですが、その点で長男が納得せず大もめにもめました。ただ保証が全部なくなるわけではないということで説得し、経営者保証ガイドラインに準じて和解しました。「準じて」と記載しているのは、一部は保証していないという本人の意見を反映し、納得のためにそういう形で手続を進めました。そうこうしていたところ金融機関からは、2019年9月中に手続を終わらせてほ

〔資料12〕

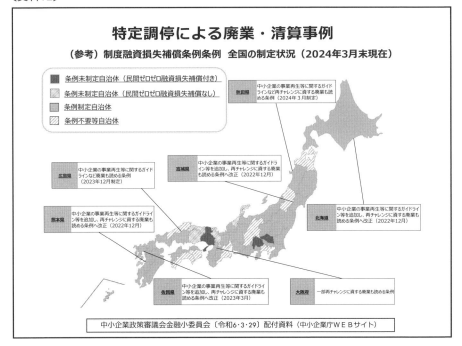

しいという意向が示されました。当初は特別清算で整理手続を進めようとも思ったのですが、会社清算後から2カ月間の弁済禁止期間が必要となり、さらに特別清算はその後の申立てとなりますので、それまで待てないということになりましたので、急遽、会社と保証人について一体として特定調停を申し立て、その後1カ月間で調停を成立させた案件です。

最後の廃業案件だけではなくて、再生案件でもそうですが、先ほど申し上げた信用保証協会の求償権放棄がいろいろ問題になりますので、信用保証協会が債権者の場合はかなりの確率で私的整理では処理し切れません。中小企業事業再生等ガイドラインでも、中小企業活性化協議会でも、特定調停でも同じです。私的整理後に法的手続を利用しなければならず、大体の場合ですと特別清算を使うわけですが、条例にて私的整理で求償権放棄ができる旨の規定があると、私的整理手続の中で求償権を放棄でき、円滑な私的整理を行えることになります。

〔資料12〕は信用保証協会の求償権放棄に対応できる条例の有無についての現在の状況です。中小企業庁のウェブサイトで公表されているものですが、まだ条例制定はなかなか進んでいません。制定済みのところもありますが、事業再生の場合ではなく、再チャレンジ、つまり廃業型の場合に求償権放棄を認めるところは非常に少なく、今後、その辺が廃業型の問題点になると思っています。

④ 経営者保証に関するガイドライン

弁護士　髙井　章光

　次に経営者保証ガイドラインについてご説明をさせていただきたいと思います。経営者保証ガイドラインは全ての手続に共通する非常に重要な手続です。

　経営者保証ガイドライン自体は皆さんご存じかと思います。会社について私的整理を行う場合には、一体型の手続では保証債務処理においてほぼ必ずこのガイドラインを用いて保証を処理することになります。それだけではなくて、会社が法的手続、破産、再生、特別清算という場合においても、保証債務処理は単独型の私的整理で行うことになります。経営者保証ガイドライン自体の概要は〔資料1〕のとおりです。

　経営者保証ガイドラインは、単なる自主的・自立的な準則ですが、日本再興戦略、閣議決定にも規定がされており、非常に重要な手続とされています。

　〔資料2〕にありますとおり、要件は主たる債務者が中小企業で、保証人が個人であることですが、経営者でない第三者による保証も対象になります。保証だけではなくて連帯債務を個人が負っている場合も対象になります。

　〔資料2〕③では、誠実・財産状況についての適切開示とありますが、粉飾があった場合はどうなるのか、問題となります。会社において粉飾があった場合に経営者保証ガイドラインが使えるのか結構問題になりますが、基本的には、その主債務者の整理場面において、誠実対応しているかどうかが非常に大きなファクターになります。それ以前の粉飾が非常に許しがたいものである場合には、それなりの判断になってしまうかもしれませんが、総合的な考慮の中で経営者保証ガイドラインの適用の可否は判断されているのが実態だと思います。

　経営者保証ガイドラインは、経営者が、主債務をきちんと整理することのイン

〔資料１〕

経営者保証ガイドラインとは
－３つの場面での適用

１．概要
（１）制定経緯
　　　　２０１３年１２月制定・２０１４年２月実施開始
　　　　中小企業団体・金融機関団体共通の自主的自律的な準則
　　　　日本商工会議所と全国銀行協会が設置した研究会によるもの
（２）３つの場面
　　①　経営者保証の契約時の対象債権者の対応
　　②　既存の保証契約の適切な見直し
　　　　※「事業承継時に焦点を当てた『経営者保証に関するガイドライン』の特則」
　　③　保証債務の整理
　　　　会社再生型、会社清算型
　　　　※「廃業時における『経営者保証に関するガイドライン』の基本的考え方」
（３）保証債務の整理
　　　原則として、準則型私的整理を利用
　　　※中小企業版私的整理手続、特定調停、中小企業活性化協議会

　センティブとして、保証人について清算価値以上の資産を残すことができる可能性を認めている手続ですので、〔資料２〕⑥が重要になります。

　構造は、債権者側から見ると会社と保証人の両方からの回収の合計額について、経済合理性を判断するときに、会社が再建型の私的整理の場合は、会社と保証人の両方が破産したと仮定した場合と比べて回収額がどちらが多いかを判断することになります。会社を清算する場合は、会社の整理手続を即時に実施せずに３年ぐらい漫然と放置された場合と、今回の整理手続の内容を比べて、どちらが回収額が多いかといったところで手続としての合理性を確認するという形になります。

　保証人にとっては、自由財産を残せるということと、さらにそれに加えてインセンティブ資産として、華美でない自宅や将来の生計費などを残せるところがポイントになります。

〔資料2〕

> **経営者保証整理の場面**
>
> **1．要件**
>
> ① 主たる債務者が**中小企業であること**
>
> ② **保証人が個人であり、主たる債務者の経営者であること**
>   （経営者でない第三者による保証も対象　ＧＬ注5）
>
> ③ **主たる債務者・保証人が弁済について**誠実・財産状況等について適時適切に開示していること
>   ※保証人は開示財産に対して**表明保証責任**を負う
>   ※支援専門家（申立代理人弁護士）は請求があれば、財産調査を行い、報告する
>
> ④ **反社会的勢力でないこと**
>
> ⑤ **主たる債務者が、整理手続（再生・清算）の申立て**を行っていること
>
> ⑥ **主たる債務者と保証人を一体として判断した場合に経済的合理性があること**
>
> ⑦ **保証人に免責不許可事由**が生じておらず、おそれもないこと

　私はいつも〔資料3〕のような形でご説明しております。A社は民事再生にて10％弁済を実施したところ、予想破産配当率は0％でした。金融機関が5億円の債権を有し、保証人は資産として自宅と現金、預金があります。破産すれば、保証人は住宅ローン以上の価値がある自宅を売却せざるを得ない。現金の20万円は99万円という自由財産の範囲内なので確保できますが、預貯金については自由財産の拡張でできるかできないかということになります。

　他方、経営者保証ガイドラインを適用した場合、自由財産の範囲の現金20万円を確保できるほか、インセンティブ資産について、回収見込額の増加額として、5億円の債権を持っている金融機関としては0％から10％の回収率のアップがあったので、5000万円の回収ができたことにより、その金額の範囲内において、自宅としては3000万円の評価のうち住宅ローンの優先債権を引いた2000万円の範囲を華美でない自宅として、さらに将来の生計費として1ヵ月33万円

〔資料３〕

> # 経営者保証ガイドラインの利用
> ## １．経営者保証ガイドラインの利用
> 【事例】A会社は民事再生にて、１０％弁済（予想破産配当率０％）
> 　　　　B金融機関は５億円の債権を有していた。
> 　　　　保証人Cは以下の資産を有する
> 　　　　　①自宅（評価額３０００万円・住宅ローン担保１０００万円）
> 　　　　　②現金２０万円　③預貯金　５００万円
> 　　（残存資産）
> 　　　①　自由財産・・・現金２０万円
> 　　　②　インセンティブ資産
> 　　　　「回収見込額の増加額」５億円×１０％－５億円×０％＝５０００万円
> 　　　　　自宅：３０００万円－１０００万円＝２０００万円
> 　　　　　将来生計費：３３万円×８ヶ月（２４０日）＝２６４万円
> ## ２．自己破産手続の利用
> 　　（残存資産）
> 　　　①　自由財産・・・現金２０万円、②　自由財産の拡張　？
> ## ３．代理人としての取るべき対応
> 　　「先生、私は破産したくありません」という場合どうするか？

にて、雇用保険の範囲として８カ月分たる264万円を残せることになります。したがって、残せる資産の内容において大きな違いがあります。代理人としては、保証人が「私、破産はしたくありません」と言ってきた場合、経営者保証ガイドラインにてきちんと対応しているかどうかが重要となります。以前に、ある弁護士会から経営者保証ガイドラインについての会員向けの説明会の講師の要請を頂いた際に、会社倒産時において、保証人の保証債務処理について経営者保証ガイドラインを検討しない場合には弁護過誤になる、ということを強調して説明してください、と要請を受けたことがあります。

　また、金融庁が発表している事例集もありますので、そちらもご参照ください。

　経営者保証ガイドラインの利用方法は、〔資料４〕のとおりです。先ほど申し上げた一体型のほかに、単独型があります。主債務が法的手続を使っている場合は一体型ができず、単独型にて、保証債務だけの整理を行うことになりますが、

〔資料4〕

経営者保証ガイドラインの利用方法

1．準則型私的整理における一体型整理
　中小企業版私的整理手続、中小企業活性化協議会、特定調停の場合、一体型整理が原則
　（例）【特定調停】掲載事案

2．主債務法的手続の場合−単独型の利用
　主債務者について、民事再生、特別清算、破産等の場合
　→2派に別れる（特定調停派、活性協派）

3．単独型
　主債務整理をかなり前に実施しているケース
　主債務が私的整理であっても一体型とならなかったケース
　→2派に別れる（特定調停派、活性協派）

　この単独型での整理を、特定調停を使う場合と中小企業活性化協議会で行う場合とに、人によってどちらの手続を主に利用しているのか、結構分かれるようです。私はずっと前から使っていたので単独型は特定調停で行っています。そのほか、主債務の整理をかなり前に実施してしまっていたことから、一体型ができないような場合には、これから保証債務整理のみを単独型で行うということもあると思います。

　私の手元で、最近、単独型の特定調停で整理した事案には、どのような事案があるかをまとめてみたのが〔資料5〕です。こちらに挙げた3件はすべて、調停期日は1回成立しています。1番目のケースの特徴は、清算する会社の代表者が、もう1つ全然違う事業も営んでいまして、その会社の株式を残存資産にしました。ただ、その株式の評価額が一定額あったので、インセンティブ資産額として残せる金額を超える部分は、一部、分割弁済を実施して確保したというところ

〔資料５〕

> **最近の単独型事例**
>
> １．２０２４年３月（１７条決定）東京簡裁　期日１回
>   主債務整理　特別清算
>   保証債務　信用保証協会、サービサー２社
>   合計７億４０００万円
>   残存資産　自由財産と生計費を含め合計３７７万円　なお、別会社株式を一部分割弁済にて確保
>
> ２．２０２３年９月（１７条決定）東京簡裁　期日１回
>   主債務　民事再生（かなり以前）・・・インセンティブ資産不可
>   保証債務　信用保証協会、ノンバンク、リース
>   合計９６００万円
>   残存資産　自由財産９９万円分。なお、自宅は分割弁済にて確保
>
> ３．２０２２年１０月佐久簡裁（電話会議方法の第１期日に成立）
>   主債務整理　特別清算
>   保証債務　信用金庫　１億５８００万円
>   残存資産　自由財産９９万円のほか、将来の生計費３９６万円

が特徴的です。

　あと、３番目のケースは電話会議方式での期日１回で成立した事案です。

　２番目のケースは、これはかなり以前に他の弁護士が申立代理人となって民事再生手続を実施して終了していたので、経営者保証ガイドラインにおいて、自由財産相当の資産は保証人の手元に残せましたが、インセンティブ資産を残すことはできなかったケースです。経営者保証ガイドラインは、主債務の整理を円滑に実施したことによって、保証人の保証債務整理において残存資産の確保が許されることとされていますので、本来はほぼ同時に主債務者と保証人の整理手続を行うことになります。しかしながら、主債務者たる会社の債務整理が終了した後に実施した保証人の保証債務整理においても、その適用は認められています。ただし、このように時間が経過してから保証債務整理をする場合には、主債務の整理を円滑に実施したことに対する寄与が認められにくいため、インセンティブ資産

を手元に残すということはできないとされています。2番目のケースは、このようにインセンティブ資産は使えなかったのですが、自宅については換価処分して弁済を即時に行うのではなく、自宅相当額について分割弁済を行うという合意を金融債権者と行い、自宅を確保しました。

5 税務会計の観点から

公認会計士　大森　斉貴

　本日の1つ目のテーマは中小企業の各種再生手続における税務会計上の取扱い、もう1つのテーマが過年度において粉飾決算があった場合の税務会計上の対応ということで、2つのテーマについてお話しさせていただきたいと思っています。

　まず、各種手続における税務会計上の取扱いですが、〔資料1〕では法人の再生型について比較をさせていただきました。それぞれ4つの手続を表にしてますが、まず1つが中小企業事業再生等ガイドラインの再生型手続、もう1つが中小企業活性化協議会の通常の協議会スキームと言われているもの、それから同じく中小企業活性化協議会の中小企業再生支援スキーム、もう1つが特定調停の日弁連スキーム、この4つを比較いたしました。表中の①から⑥の各項目は既に国税照会済みの内容となっていますので、この取扱いがされることが確認されているということです。

　まず、①資産評定基準ですが、これは②資産評価損の損金算入とセットの話でして、先ほどご紹介がありましたように、中小企業事業再生等ガイドラインでは資産評定基準がなく、資産評価損の損金算入も認められていません。同じく中小企業活性化協議会の協議会スキーム、特定調停についても、資産評定基準がないので評価損の損金算入もできないという取扱いとなっております。この中では、中小企業活性化協議会の中小企業再生支援スキームについては資産評定基準が用意されていて、企業再生税制が適用となって資産評価損の損金算入もできるということです。

　この中小企業事業再生等ガイドライン、協議会スキーム、特定調停について

〔資料１〕

各種手続における税務会計上の取扱い

	中小企業ガイドライン（再生型手続）	中小企業活性化協議会（協議会スキーム）	中小企業活性化協議会（中小企業再生支援スキーム）	特定調停（日弁連スキーム）
①資産評定基準	なし	なし	あり	なし
②資産評価損の損金算入	不可	不可	可	不可
③期限切れ欠損金の損金算入	可	可	可	可
④欠損金の充当順位	青色欠損金から充当	青色欠損金から充当	期限切れ欠損金から充当	青色欠損金から充当
⑤債権者の債権放棄損	法人税基本通達9-4-2	法人税基本通達9-4-2	法人税基本通達9-4-2	法人税基本通達9-4-2
⑥保証人の保証履行のための資産譲渡	譲渡所得が非課税	譲渡所得が非課税	譲渡所得が非課税	譲渡所得が非課税

は、資産評価損の損金算入ができないということなので、それらに対応するスキームとしては、先ほどからご紹介がありましたように、第二会社方式を取ることになるかと思います。カット案件で債務免除益が発生して免除益課税になるという場合には、第二会社方式によって資産評価損相当額が実現損失、具体的には事業譲渡を使えば事業譲渡損、会社分割であれば非適格分割ですので、やはり会社分割による譲渡損が出てくるので、それを使って免除益課税を回避するということになろうかと思います。対象債務者の資産について大きな含み損がある場合、第二会社方式を検討するということになろうかと思います。

続きまして、③期限切れ欠損金の損金算入ですが、４つの手続全てについて、国税照会で確認が取れていて、損金算入が認められているということです。具体的には、再生手続開始の決定に準ずる事実の１つとして、法人税基本通達で、「債務の免除等が多数の債権者によって協議の上決められる等その決定について

恣意性がなく、かつ、その内容に合理性があると認められる資産の整理があった」場合に該当するので、期限切れ欠損金の損金算入が認められるという取扱いになっています。

　④欠損金の充当順位はそれに関連しますが、債務免除益に対して青色欠損金から充当するか期限切れ欠損金から充当するかということで、青色欠損金ではなく期限切れ欠損金から充当できる場合には、翌年度以降に青色欠損金を残せるということになります。翌年度以降も欠損金を残して課税所得を減らすことができるので、期限切れ欠損金から充当できたほうが有利になります。この場合には、債務免除益を回避できた上に、翌年度以降も青色欠損金で課税所得を減らして税金を減らすことができるということになります。この期限切れ欠損金から充当できる場合というのは、②の資産評価損の損金算入が認められているための税務上の要件を満たす場合に期限切れ欠損金からの優先充当も認められています。つまり、企業再生税制が適用される中小企業活性化協議会の中小企業再生支援スキームだけ、期限切れ欠損金からの優先充当が認められているという取扱いです。

　次に、⑤債権者側の取扱いですが、債権者の債権放棄損が寄附金認定されずに損金算入できるかどうか、４つの手続ともに、法人税基本通達９‐４‐２の要件を満たしているので、寄附金ではなく損金算入できるという取扱いとなっています。法人税基本通達９‐４‐２の具体的な内容ですが、「業績不振の子会社等の倒産を防止するためにやむを得ず行われるもので合理的な再建計画に基づくものである等その債権放棄について相当な理由があると認められるとき」は、寄附金に該当しないものとされています。これについて国税照会を行い、寄附金には該当せず損金算入できるという確認が取れています。

　次に、⑥保証人の保証履行のための資産譲渡ですが、これも４つの手続ともに譲渡所得が非課税となりますが、その内容としては、保証債務の履行のために保証人が資産を譲渡し、その譲渡代金で保証債務の履行を行ったケースで、債務者企業の主たる債務と保証人の保証債務の一体整理によって保証人が求償権を放棄する場合には、原則として譲渡所得が非課税となる特例が適用されるということです。つまり、求償権の回収不能分に対応する譲渡所得はなかったことにされ

て、非課税扱いになるということです。

　このように、4つの手続を見ると、中小企業再生支援スキームだけが事業再生ADRや法的整理と同じような取扱いで企業再生税制が認められています。これは法的整理と私的整理のイコールフッティングが、ここ数年、平成17年以降ぐらいの税制改正で次々に認められて、このような形になったということです。4つとも全て準則型の私的整理手続なのですが、その中でも2つの類型というか、1つは、企業再生税制がフルに認められるので、資産評価損の損金算入、および期限切れ欠損金からの優先充当が認められているものと、もう1つは、企業再生税制がフルには認められていないものの、青色欠損金を使ってもなお債務免除が消せない場合には、期限切れ欠損金が損金算入できるという一部の特例が認められる取扱いとなっています。

　ここまで再生型の手続をご説明させていただいたのですが、廃業型についても簡単に触れますと、中小企業事業再生等ガイドラインと特定調停で廃業型という類型があり、この2つについても国税照会が行われています。2つの国税照会はほとんど同じ内容で、1つは債権者側で貸倒損失として損金算入が認められること、それから個人事業主の再生手続において資力喪失状態の場合には債務免除益が非課税扱いになること、もう1つは、〔資料1〕の⑥と同じ項目ですが、保証人の保証履行のための資産譲渡所得が非課税になることが国税照会で確認されています。

　本日のもう1つのテーマとして、過年度において粉飾決算があった場合の税務会計上の対応ということを説明させていただきます。最初に〔資料2〕をご覧ください。中小企業の再生案件では、金融機関から融資を受けるためとか、例えば建設業では経営事項審査の評点を維持するためとか、企業経営を維持する目的で粉飾決算が行われているケースも間々見受けられます。このような場合には税金を過大に納付している可能性があり、この過大に納付した税金を還付することができれば、その還付税金を債権者への弁済原資とか自社の運転資金に充てることが可能になります。

　粉飾による過大納付税額ついて更正の請求をしたときの法人税の還付について

〔資料２〕

```
過年度において粉飾決算があった場合の税務会計上の対応（1/2）

中小企業の再生案件では、銀行から融資を受ける等の目的で粉飾決算を行っ
ているケースも見受けられ、税金を過大に納付している可能性がある。

１．仮装経理に基づく過大申告の場合の更正に伴う法人税額の還付の特例

  原則    将来の法人税額から控除し、５年経過後に控除未済額を還付
          （ただし、更正決定の前期分の法人税額は即時還付となる）

  特例    債権者集会の協議決定で合理的な基準により債務者の負債整理を定
          めているものは、還付請求できる

２．修正経理
  ➢ 更正の請求を行うためには、確定決算において、仮装経理の修正（過年度損
    益修正損）が必要。
  ➢ 修正経理を行う確定決算の時期によって還付のタイミングが異なる。
  ➢ どのタイミングで弁済原資とできるかを検討する必要がある。
```

は特例がありますが、特例を適用しない原則的な取扱いは、還付で会社にすぐ戻ってくるのではなくて、その還付される税額が、将来の法人税額から控除される扱いで、５年にわたって充当していってもなお控除しきれない控除未済額がある場合には、その税額が還付されるという取扱いとなっています。

ただ、特例として、〔資料２〕にありますように、債権者集会の協議決定で合理的な基準により債務者の負債整理を定めている場合には、還付請求をして戻してもらうことが可能という取扱いとなっています。この特例の要件については、〔資料１〕の③期限切れ欠損金の損金算入の要件と実質的に同様の内容となっていますが、期限切れ欠損金の損金算入の要件を満たすことに関しては、４つの手続とも全て国税照会済みです。特定調停スキームについては数値基準がないと先ほどご紹介がありましたように、「合理的な基準により債務者の負債整理を定めている」と言えるのか少し疑問な点もあるのですが、国税照会で期限切れ欠損金

の損金算入が認められているということを考えれば、4つの手続ともこの特例に該当すると考えていいのではないかと思っています。

次に、仮装経理に基づく更正の請求をする手順としては、まず「2．修正経理」として、仮装経理の修正処理を確定決算において行う必要があります。過年度損益修正損として、期中に帳簿処理しただけでは駄目で、決算を1回組まないと更正の請求ができません。従いまして、修正経理を行う確定決算の時期によっては還付のタイミングが異なってくるので、事業再生計画案ではどのタイミングで還付を受けられて弁済原資とできるのかを検討する必要があろうかと思います。仮装経理の場合は、更正の請求について税務署側で審査をするのに特に時間がかかるので、本来、基本弁済に間に合えば望ましいのですが、一般的には基本弁済後の追加弁済という形で弁済原資にするケースが多いのではないかと思います。

最後に、〔資料3〕ですが、粉飾があった場合には、架空売上等に係る消費税も払い過ぎている場合があります。その場合の消費税の還付の取扱いですが、消費税の場合には、法人税と違って仮装経理という規定自体が特段存在していないため、仮装経理の場合でも通常の更正の請求と同様の取扱いとなります。すなわち、更正の請求が認められれば消費税については即時還付を受けることができることになります。法人税の場合は、特例によらなければ将来の税額に充当され、即時還付は受けられませんが、消費税は取扱いが異なり、特段の手続なしに即時還付を受けられます。

最後に、実在性のない資産の取扱いですけれども、粉飾決算をしているとその隠蔽のための不正な会計処理が複雑なものとなってしまい、それを後から見たときに、資産として上がっているんだけれども、これがいつ上げたものか、その経緯がなかなかひも解けないような資産が出てくることがあります。そのときの処理になるんですが、実在性のない資産は、実態貸借対照表上ないものとして評価されるので、評価の結果、債務超過となる場合には、残余財産がないと見込まれることとなって、期限切れ欠損金として損金算入することができるという取扱いとなっています。

〔資料３〕

> **過年度において粉飾決算があった場合の税務会計上の対応（2/2）**
>
> **３．消費税の還付**
> - 消費税には「仮装経理の更正の請求」という規定が存在しない。
> - そのため、通常の更正の請求と同様の取扱いとなるので、更正の請求が認められた場合、消費税については「即時還付」を受けることができる。
>
> **４．実在性のない資産**
> - 実在性のない資産は、実態貸借対照表上ないものとして評価されるから、評価の結果、債務超過となる場合には、「残余財産がないと見込まれる」こととなり、期限切れ欠損金として損金算入することができる。
> - 更正期限内で内容判明している場合には、更正の請求で対応する。
> - 更正期限を過ぎており内容不明の場合でも、公的機関や第三者が関与して資産につき実在性がないことが確認された場合には、期限切れ欠損金とする。
> - 解散・清算の場合だけでなく、再生する場合にも適用される。
>
> （参考資料）「平成22年度税制改正に係る法人税質疑応答事例」問11

　更正期限内で内容が判明している場合には、もちろん更正の請求で対応します。これは更正期限内かどうかと内容が判明しているかどうかで、更正の請求ができるかどうかということになりますが、これは消費税の還付ができるかどうかということにつながってきて、期限内でかつ内容がきちんと分かっていれば消費税の還付もできます。法人税は粉飾しているケースでも納め過ぎている金額はそれほど大きくならないことが多いのですが、消費税のほうは結構多額に納め過ぎが発生しているケースもあるので、消費税の還付ができるというのは大きいところかと思います。

　もう１つが、更正期限を過ぎていて内容不明の場合はどうなのだということですけれども、公的機関や第三者が関与して資産につき実在性がないことが確認されていれば、期限切れ欠損金とします。

　最後に、解散・清算の場合だけではなくて、再生の場合にも適用されます。こ

の内容は、参考資料として挙げている、国税庁から出されている平成22年度税制改正に係る法人税質疑応答事例の問11に掲載されている内容となります。再生する場合にも適用されるというのは、会社更生法や民事再生法だけでなく、準則型私的整理も含まれておりますので、先ほどの４つの手続についても同じように適用ができるということになります。

第2部　パネルディスカッション

Part1　再生編

〔パネリスト〕
とうほう地域総合研究所理事長　矢吹　光一
日本政策金融公庫中小企業事業本部東京企業サポート第二室長　吉田　行康
弁護士　三枝　知央
弁護士　加藤　寛史
弁護士　仁瓶善太郎

〔コーディネーター〕
弁護士　四十山千代子
（法人名・役職などはシンポジウム開催当時）

はじめに

四十山　それでは、第2部を開始させていただきます。

　本日のパネルディスカッションですが、前半は再生編、そして後半は廃業編ということで2つに分かれておりまして、まず、再生編のパネリストの方、一言ずつ自己紹介をお願いします。

矢吹　一般財団法人とうほう地域総合研究所の矢吹でございます。本日はよろしくお願いいたします。

吉田　日本政策金融公庫の吉田と申します。本日はどうぞよろしくお願いいたします。

三枝　弁護士の三枝です。本日はよろしくお願いいたします。

加藤　3月をもって中小企業活性化全国本部の統括を退任し、4月に事務所に戻りました弁護士の加藤と申します。よろしくお願いいたします。

仁瓶　弁護士の仁瓶でございます。よろしくお願いいたします。

四十山　私、本日コーディネーターを務めます弁護士の四十山です。よろしくお願いします。

私のほうから簡単に事案のご説明をさせていただきます。

Ⅰ　金融機関の関与・専門家の手配

1　A社の現状分析

■A社　事案概要■

> - A社は、地方温泉街にある温泉ホテルと観光事業を複合的に営んでおり、当該地域で指折りの規模、知名度を誇る事業者である。
> - A社のホテル事業の売上高（年商）は15億円強である。
> - A社の観光事業の売上高は、5億円強である。
> - A社の償却前営業利益は、コロナ前からマイナスであったが、コロナ禍の終息とともに観光客も戻り、経営改善努力の成果も出始め、ここ2期はプラスとなっている。
> - A社には、25億円の借入金がある。内訳は以下のとおり。
>   民間金融機関からの借入金　　　　16億円
>   政府系金融機関の資本性ローン　　5億円（コロナ禍前に拠出）
>   政府系金融機関のコロナ特例融資　4億円（コロナ禍で借入）
>   なお、コロナ禍が始まった2020年以降、金融機関からは元本弁済猶予を受けている。
> - 甲社長（70歳）は、A社の借入金について全額連帯保証している。また、甲社長の妻（67歳）と娘（40歳）も、借入金の一部について連帯保証している。
> - A社には消費税と社会保険料の滞納があるが、甲社長によると、完済の見込みが立ちつつあるとのことである。

四十山　本日ご用意しました設例についてはA社の事案概要をご覧下さい。

　まず、私のほうから簡単に事案のご説明をさせていただきます。A社は、地方温泉街にある温泉ホテルと観光事業を複合的に営んでおります。当該地域では指折りの規模、知名度を誇る事業者です。ホテル事業の売上高は年商15億円強でそのうち、観光事業の売上高は5億円強という会社です。

　償却前営業利益はコロナ前からマイナスでしたが、コロナ禍の終息とともに観光客も戻り、経営改善努力の成果も出始め、ここ2期はプラスとなっています。

A社には25億円の借入金がありまして、内訳は次のとおりです。民間金融機関からの借入金が16億円、政府系金融機関からの資本性ローンが5億円、これはコロナが開始する前に拠出されたものです。そして政府系金融機関のコロナ特例融資が4億円あります。なお、コロナ禍が始まった2020年以降、金融機関からは元本の弁済猶予を受けています。

　甲社長（70歳）は、A社の借入金について全額連帯保証をしています。また、甲社長の妻（67歳）と娘（40歳）も借入金の一部について連帯保証をしています。

　A社には消費税と社会保険料の滞納がありますが、甲社長によると、完済の見込みが立ちつつあるとのことです。

　このような事例を前提に議論を進めてまいります。それではまず、金融機関側で長年関与されてきたお二人にお尋ねいたします。まず矢吹さん、このA社の現状について、どのように分析されますでしょうか。

矢吹　ありがとうございます。コロナ明けが見えてきたということで、業績が回復しつつあり、償却前営業利益もここ2期はプラスとはなってはおりますけれども、コロナ特例融資を含めて年商の約1.3倍の借入金を有しており、元本返済猶予、完済の見通しはありますが、消費税、社会保険料の滞納も認められる状況から、設備の維持更新投資、戦略投資なども滞っていると考えられ、先行きがなかなか見通せない状況かと感じています。パンデミック拡大が旅館業、あるいは観光業に与えたダメージは非常に大きく、また現状、人手不足、あるいはエネルギー・資材価格高騰などもありまして、損益分岐点が大幅に上昇している状況で、早期再生の必要性が高まっているものと判断されます。

　私どもが、これまで旅館業の再生支援などを行なう中で大切にしてきたことは、如何に早い段階で、事業会社、経営者の方々と正確な現状認識を行った上で、経営改善、事業再生に着手できるかです。ともすると経営者の方々というのは、売上げの確保、あるいは資金繰りを重視するあまり、いわゆる外部環境や経営環境の変化を見逃してしまって、事業・収益構造の変革が遅々として進まず、結果として手遅れになってしまう場合があります。できるだけ早い段階で第三者も交えた実態把握（財務、事業DD）の徹底と、三現主義（現地・現物・現実）に

根差した事業者支援、計画策定支援等を行っていきたいと考えます。中小企業にとっては、会計的に、特に管理会計により、その事業実態を詳細に分析し、しっかりとした経営計画・アクションプランの策定、施策の効果と結果の検証、さらなる施策の再立案はとても大切だと考えています。

四十山 続いて、吉田さんはいかがでしょうか。

吉田 一般論的な話で申し訳ないのですが、業績は回復基調で推移していらっしゃいますので、このまま自助努力を続けていただき格付アップが図られて、そのタイミングで取引の正常化を図って、必要な設備資金などを新規融資で供給していくというのがベストシナリオだと感じます。ただ、実際には旅館業に限らないのですが、事業再生の可能性は、今後、事業の維持に必要な設備投資の額次第かなとは思います。

今後、当面必要な維持、投資の額があまりにも大きくて、これはもう建物が傷み切ってしまう前に新規融資のシナリオを書くのが難しいということになれば、DDSや債権放棄といった次のステージの支援も検討していく必要があるのかと感じます。

この設例の設定条件だけではまだ何とも言えないところがあると思いますが、次のステージに行くべきか検討する上では、お客様との目線合わせが重要です。少し黒字になっている状況で、お客様が、「せっかく頑張っているのに、融資しない金融機関が悪い、何で抜本再生の必要があるのか」と感じておられる状況では、次のステージに進むのは難しいので、お客様となぜ融資が困難であるかという点についてまずは議論を深める必要があると思います。

このときに金融機関サイドの論理で金融検査マニュアルや協議会の基準など、数字の話だけをしていくと、なかなか債務者の理解は得られません。今後のある一定期間に必要な設備投資額と、収益と、それから設備の耐用年数を対比し、「このままでは収益で老朽化を防ぐための投資を賄えない」ことをお客様に認識していただくことが、最終的には経営改善や金融支援の必要性を理解することにつながるのではないかと考えます。

四十山 お二人とも、このA社については、早期の事業再生の入り口に立てるか

どうかがポイントで、それを経営者に理解してもらうことが必要であるというお話でした。では次に、金融機関としては、その次のステップとしてどのようなことをお考えになるでしょうか。

矢吹　私がこれまで経験してきた多くの旅館業の私的再生案件においては、裾野の広い観光業の核となる企業で、老舗という側面もあるため、経営者のプライドも高く、なかなか簡単に第三者の意見を受け入れないということが数多くありました。そのため、まずは私どもが自ら会社の内部に一定期間、常駐させていただき、現状認識とプレデューデリジェンス等を実施するとともに、従業員のインタビューなどにより、正確な実態把握と経営者とのコミュニケーション、信頼関係構築に努めます。

　また、並行して旅館に精通する外部専門家（旅館経営を熟知するマネジメント人財）等を紹介し、再生可能性をしっかり見極める必要があります。どの案件でもポイントとなるのは、経営者の方々との信頼関係構築、特に「傾聴して、共感して、承認して、共創する」ということだったと思います。

　さらに、旅館など同族経営主体の事業者の場合、やはり個人的な経営責任、保証責任等の履行に逡巡して結果的に再生着手が遅れ、破綻に至る事案も多いことから、丁寧に何度も粘り強く説明を重ね、早い段階で弁護士等の外部専門家を紹介して、より一層事業再生に関する理解を進め、信頼関係を強化することも大事です。

　経営者の方々の判断が遅れる要因として、やはり事業再生に関する知識、理解不足、漫然とした不安等があげられ、早い段階で弁護士等外部専門家の方々が関与することで、具体的な対応、方向性が明確となることから、スピード感のある決断が可能となると思います。

四十山　それでは続いて、吉田さんはいかがでしょうか。

吉田　これもまた一般論になるのですが、お客様の問題に応じた専門家の方をご紹介するところから始めると考えています。万能薬みたいな専門家の方というのはいらっしゃらないので、お客様の実態分析が重要だとなれば会計士をご紹介しますし、お客様から「経営改善に関する知恵が欲しい」とご要望があれば、診断

士系のコンサルをご紹介します。

　会計士の場合も、どのような方をご紹介するかというのもケース・バイ・ケースです。例えばお客様の事業規模がすごく大きかったり、海外に展開していたり、多くの従業員がいるということであれば、必要となる作業量に対応できる規模の大きな事務所の会計士をご紹介します。お客様の経営管理がしっかりしていない、必要な経営管理データが取れないという状況であれば、辛抱強く初歩的なところからお客様をご指導いただける会計士をご紹介します。

　それから、診断士の方をご紹介する場合でも、会社の経営課題が販売か、生産かということをお伺いして、課題となる分野の解決を得意としている診断士を紹介します。体調が悪い人からの訴えに対し、お腹が痛い人は内科を紹介し、歯が痛い人には歯科医を紹介するような感じだと思います。

　ただ、抜本再生案件等で解決すべき課題が多く、弁護士も会計士も診断士も必要だという状況となった場合ですが、私見ではありますが、弁護士がリーダー、指揮者、バンドマスターというような存在だと思っていますので、弁護士を最初にご紹介するケースが多いです。その上で他の専門家のチーム編成は、弁護士の問題意識に応じて弁護士にお任せするケースも結構多いです。他の分野の専門家の方に怒られてしまうかもしれませんが、いろいろな専門家の中で、弁護士の紹介を失敗すると一番致命傷になると個人的には思っていますので、そこは気をつけたいと思っています。

　ちなみに、弁護士をご紹介する場合、社長さんが保証債務だけじゃなくて固有の債務を抱えていらっしゃるときには、場合によっては、債務者・社長さんにそれぞれ別の弁護士をご紹介するという形もあり得ます。

2　専門家の関与

四十山　お二人のお話によりますと、事案に応じた専門家を紹介することが重要ということでした。ただし、よくあるケースですが、その会社にはもともとの顧問弁護士や顧問税理士がついていらっしゃるということもかなり多いと思います。そのような場合に、社長が外部の弁護士の紹介は要りませんと言われるケー

スもあるかと思いますが、そのような場合の対応などはいかがでしょうか。

吉田 やはり再生とは人を扱う商売なので、関係者の感情は無視し得ないと思います。中小企業ではなくても企業の経営者の方は、そもそも気心の知れない第三者に経営に口出しされたくないと思われるでしょうし、それから、顧問弁護士、顧問税理士の方も、例えば債権者から他の専門家を紹介するという話になると「俺の能力に不満があるのか、俺の米びつに砂まくつもりか」というような反応が返ってくるケースもやはり間々あるので、関係者の納得感には気をつけなければならないと思います。

つまり、単に課題解決能力のある専門家を紹介すればいいという話ではなくて、「関係社の納得感を得るのは債権者の仕事だ」としっかり認識して、「この専門家の能力はこのような理由でこの会社に再生には必要不可欠だ」ということを関係者にしっかりと説明して納得感を得ないと、せっかく能力のある専門家を紹介してもうまくワークしないので、気をつけています。

ただ、中には、とても上手に「この会社にとっての課題と再生の必要性」を自ら説明される専門家の方もやはりいらっしゃって、金融機関から非常に見るとありがたい存在となっています。そのような方は、「専門分野における課題解決能力」とは別のところで、「素人に納得してもらう説明能力」を金融機関に愛され、重宝されています。

四十山 ありがとうございました。矢吹さんはいかがでしょうか。

矢吹 経営者の方は、先の見えない、不透明な中で、非常に孤独で、資金繰りに追われてしまうと、そのことしか考えられないというのが現状だと思います。そのような中で、ご指摘のように、これまでの顧問弁護士の方や顧問税理士の方々との関係性から、再生に向けて、別途、弁護士や会計士等をご紹介しようとすると躊躇する経営者の方は数多くおられます。そのため、できる限り早い段階での顧問弁護士、顧問会計士、顧問税理士等との面談をお願いしてきました。本音でその方々とお話しするということを心がけてきた部分があります。

その面談の中で、事業会社の現状認識、事業再生の必要性、債権放棄も辞さない我々の覚悟などをしっかりと説明すると、ほとんどの方々は、そのような再生

の機会は二度とないと考えられ、ともに協力するとおっしゃっていただきました。

やはり我々自身が誠実かつ実直に向き合うことがとても大事だと思います。事業はずっと残るという強いメッセージを発信し続けたことが、結果的に良かったのかなと思っています。

四十山 ありがとうございます。ところで、そのような専門家をご紹介しようとしても、特に事業再生においては、東京や大阪に集中しているということが指摘されています。そのような場合に、どのような対応をされるのでしょうか。

矢吹 おっしゃるとおり、地方においては、やはり外部専門家の方々とのマッチングが円滑に進んでいるとは言えないと思います。特に小規模事業者の方が、早期段階で法律事務所や監査法人等に直接依頼することは、現実的には、接点、時間、費用などの点でハードルも非常に高い状況にあります。我々も、正直ベースで申し上げて、中堅・中小企業の方々に東京の弁護士や会計士の方々を紹介するというのがほとんどで、結果として小規模案件にはおのずと制約があったと思っています。

2022年9月に、そういった反省を含めて、私ども一般財団法人とうほう地域総合研究所の中に、福島由来の弁護士、会計士、税理士等の方々を中心にして約30名の専門家プラットフォームを組織し、「地域の、地域による、地域のための専門家エコシステム」を構築しています。今後、このフレームワークを活用して、小規模事業者の方々の案件への取組みを検討している途上にあります。

四十山 吉田さんはいかがですか。

吉田 我々の情報量が足りないだけだと言われてしまうかもしれないですが、実感としては、やはり経験値の高い専門家は東京、大阪に偏っているかなという感じはします。理想論を言えば、各地で必要な人材を育てて、県内の事業再生は県内の専門家で賄うのが理想という問題意識は持っているのですが、一件一件の案件に企業の生死がかかっており、失敗できないという事情が優先されてしまうので、現状のところは、地方においても経験値の高い東京、大阪の専門家の方をお願いするケースが多いです。必ずしもいいこととは思っていませんが、例えば北海道とか東北のバンクミーティングで、なぜか関西弁が飛び交っているような事

象も起きています。ただ、可能であればですが、サブに地域の専門家の方も入っていただいて、その地域に少しでも知見が落とせたらいいとは思っています。

　ちなみに地方の案件や小規模な案件について「案件の規模がそんなに大きくないから、経験の浅い地元の専門家でもいいのではないか？」というご相談を受けることもあります。小規模案件の場合、財務デューデリジェンスの部分はそれほど難しくないので地元の専門家でもいいかなと思うときもあるのですが、今後どのように収益を出して弁済原資を確保していくか、あるいは金融機関間で少ない弁済原資で調整をどのように行うかという話になると、むしろ小規模企業のほうが難しいと思います。正直に申し上げまして、なかなか人材育成に適した「練習用」の案件があるかというと、あんまりないよねと。もしあれば教えていただきたいと思っています。

四十山　ありがとうございます。東京、大阪に集中しているというお話でしたが、そうなると、例えば中小企業事業再生等ガイドラインの場合、第1部の事例でもありましたが、会社側の代理人、外部専門家と第三者支援専門家がお互いよく知っている弁護士同士になってしまう例も多々あるかと思うのですが、金融機関から見て、その点は気になりますでしょうか。

　吉田さん、お願いします。

吉田　気にならないと言えばうそになりますが、やはり一件一件を間違いなく全行合意・成立させることを優先させざるを得ないので、専門家間の親疎の問題は、ある程度割り切って考えているというのが現状です。能力がある人に限ってと言ったら言い方は変ですが、そのような専門家ほど顔も名前も売れているので、どうしてもそうした方を起用した案件の専門家は知り合いばかりという状況になりがちですが、将来的にはともかく、少なくとも現段階ではしようがないかと思っています。

　例えばたまにお客様のほうから、「知り合いの弁護士がいるからその人に相談します」というお話をいただくこともあるのですが、「どうでした？」と相談結果を聞くと、「あっ、もう、すぐ破産を勧められました」というような、「せっかくここまで話を煮詰めたのにちょっと待て」というようなケースも結構あるの

で、やはり債務者の方に弁護士の選定を任せるというのは結構躊躇われます。どうしてもお客様が知合いに頼みたいと言ったら、羽交い締めにして引き留めるわけにはいかないですが、お客様にとっても債権者にとってもリスキーだとは思っています。

　ただ、特に中小企業事業再生等ガイドラインの手続に関しては、中小企業活性化協議会とか裁判所が関与するわけではないので、もう少し専門家選定には気を使わなければいけないとは思っていますが、関係者つまり債権者も含めた現地の方々みんなが地域地域で経験値の高い専門家人材を育てていくということが必要です。能力がある、もしくは将来性があるという人がいれば、情報交換は積極的に行っていって、そのような人にも少し頼んでみるという取組は、今後とも積極的にしたいと思っています。ですから、現状は仕方がないけれども、将来的には何とかしたいというぐらいの感じです。

四十山　矢吹さん、いかがでしょうか。

矢吹　ありがとうございます。大切なことは、やはり事業会社、経営者にとって、事業再生は、初めてのことで、かつ最後のことであるということを念頭に置くことが大事だと思っております。会社側の代理人（外部専門家）と第三者支援専門家の方が、たまたまお互いがよく知っている弁護士同士で気になるということは、首都圏などでは聞くことがありますが、弁護士の方々は、当然に利益相反や情報管理は徹底されているのが前提にあるはずで、基本的には問題ないと考えています。むしろ精通されている方々に担当いただけることは、本質的には、良いのではないかと個人的には思っています。他方、地域においては、まだまだ事業再生、特に私的整理に精通する代理人弁護士の方があまりいらっしゃらないという課題がありまして、ともに多くの案件を経験することが大切であると考えております。また、地域金融機関においても、なかなか弁護士の方が主導される私的整理に対する理解が進んでいないということも現実としてはございまして、その抵抗感のようなものから、結果的に法的整理に持っていかざるを得ないというような話もありますので、ここが大きな課題のひとつだと考えています。

　地域金融機関における再生人材は限られている状況にあり、様々なネットワー

クの構築、勉強会なども必要だと判断されます。加えて、ロールモデルの共有は極めて重要と考えており、成功事例、特に失敗事例の共有が急務となっております。全国的なネットワーク構築による事例の蓄積、共有、検索システムが確立されてくると面白いかと思っております。金融庁、中小企業庁など行政機関との連携強化も大事だと考えております。

四十山　吉田さんは現在も各地域の多数の案件に携わっておられると思いますが、地域の案件において、そのほかに弁護士に期待することがあればお願いします。

吉田　専門家の皆さんは、「難案件を解決した」という事例に強く興味を持たれるようにも思いますが、現実の案件では「案件自体の難易度は普通だが関係当事者の理解が得られないため話が進まない」という事例を解決してほしいというニーズが多いと感じています。複雑なスキームを構築できる能力は貴重ですが、利害関係のない立場から経営者や関係者にわかりやすく事業再生の必要性を説明して説得できるかという点が専門家の能力として意外と重要です。

　私のところには「代理人弁護士は一生懸命やってくれていると思うが、専門用語だらけで話の半分も理解できないから通訳してくれ」という債務者からの依頼が頻繁にあります。再生畑の弁護士（会計士も診断士も同じかもしれませんが）としてのビジネスチャンスや需要は「再生の素人である債務者に再生の常識や必要性を専門用語を使わずわかりやすく説明し、納得感を醸成できる」能力にあると思います。

Ⅱ　自主再建か、スポンサー型か

四十山　それでは次に、弁護士のパネリストの方にお伺いします。このＡ社のように、事業収支がどの程度改善するのかがまだ見通しが立っていない中で、専門家はどのように事業再生を目指していくべきかという点を考えていきたいと思います。

　まず、経営者は、スポンサー型よりも自主再建を目指したいというケースが多

いかと思いますが、この事案で自主再建を目指すとすれば、どのような条件が必要でしょうか。

まず、仁瓶先生、いかがでしょうか。

仁瓶 まず、この議論を進める前提として、その自主再建という言葉の意味について定義する必要があるかと思うのですが、ここでは、外部の事業スポンサーに株式ないしは事業譲渡することなく、現経営陣が、経営者のご子息も含めて、経営を続ける場合を自主再建と捉えてお話を進められればと思います。

自主再建を目指すか否か検討する前提として、まずは経営者の意欲があることが大前提になります。これは当然のことですが、その上で、事業を続ける上では維持されなければならない資金繰りを精査することになろうかと思います。その分析の上で、資金繰りが一定期間維持できるということになれば、会計士の先生方と協力しながらデューデリジェンスを行って、自主再建の計画が策定できるかの検討を進めることになります。

他方で、資金のショートが予測されて、自力ではその改善を図れないということになると、一応理屈の上では、事業継続のために外部から資金を調達せざるを得ないということになりますので、そのショートの時期もにらんで、自主再建を断念してスポンサー探索の開始を考えるということになろうかと思います。こういう形で、まずは資金繰りの分析が、自主再建を目指すか否かの判断軸になると考えています。

本件の事例ですけれども、直近2期は償却前営業利益がプラスに転じているというお話でしたし、また、租税の滞納についても完済の見込みが立ちつつあるという前提がありますので、資金繰りが維持できそうであれば、まずは自主再建を念頭において、その後、デューデリジェンスの結果で数値計画を満たす計画が策定できるかどうかということを目指すことになるのかなと思います。

他方で、資金繰りは維持できるものの、数値基準、例えば5年以内の債務超過解消等を満たす計画をつくることが現時点ではが難しいというケースも当然あります。その場合に、債権放棄が必要になるということを前提に、自主再建をやめてスポンサー型に切り替えるかということですが、経営者の立場としては、債権

カットを前提にスポンサー型で進めるということになれば、まずは経営者責任がどうなるのかという話もありますし、また、株式については、基本的にはそれを失って、かつ保証責任も顕在化することになります。仮に数値計画を満たす事業計画の作成が一見して難しいように見えたとしても、その可能性を追求できるならば、可及的に自主再建を目指していくというスタンスを取られるのが通常だと思います。我々が、債務者代理人として入るときは、当然債務者の意向を尊重して進めることになりますので、自主再建の可能性を最大限追求するというスタンスで臨むことになります。

　ただ、一般論としてはそうだとしても、事案によっては、スポンサー支援がなければ状況は改善しないとか、あるいは金融機関も客観的な情報に基づいて抜本的な解決を要請しているという事案もなくはないところでして、そのような事案で、ただいたずらに状況が長期化するのが経営者にとって望ましくはありませんので、そのように分析できる事案においては、経営者と話し合って、少なくともスポンサー選定の必要性は説明していくことが必要かだと考えています。

四十山　続いて、三枝先生、いかがでしょうか。

三枝　まず経営者の希望が自主再建を目指したいということであれば、自主再建を検討します。その場合、当該事業に事業性があるのかを、外部専門家のデューデリジェンス等を通じて分析をしていきます。窮境要因について自力で改善していくことができるのか、除去することができるのか、ということが1つポイントになってくると思います。

　本件は、先ほどの話のとおり、コロナ禍という外部的要因によって業績が悪化し、その終結に伴い利益が出始めているということですので、自主再建の方向性を検討することは可能だろうと思います。

　一方で、コロナ禍以外の要因があり、自力だけでは窮境要因の除去が困難であり、外部スポンサーの支援がないと再生が困難というケースもあると思います。あるいは、経営者が高齢のため、外部に後継者を探したいということもあろうかと思います。そのようなときは、外部スポンサーの選定ということも考えると思います。

本件では、経営者の方は70歳ということで、比較的高齢ですので、後継者がいない、外部に後継者をさがすという意味で、スポンサー選定を考えるということもあるのではないかと思います。

　また、本件ではコロナ禍からの回復基調、回復の途中ということですので、この先どのように改善していくのかが、現時点では必ずしも判然としないということもあろうかと思います。その場合、しばらく足元の実績を見てみないと、将来の事業計画が作成しにくいということもあり得ます。そのようなケースでは、いわゆる「暫定リスケ」の再生計画を作成することも考えられると思います。

　加えて、完全な自主再建では将来の事業計画の策定・遂行に不安があるというケースであれば、いわゆる官民ファンドの支援を得て再生計画を策定するということも考えられます。官民ファンドは、実質的には自主再建を支援する、いわゆる大政奉還、つまり、将来的には現経営者、あるいは後継者等に対して経営権を戻すことを前提として支援することが多いと理解していますので、そのようなことを企図して、官民ファンドの支援を受けることを検討することも多いと思います。

　もっとも、経営者において自主再建の強い意欲があったとしても、当該会社について、粉飾があるとか、会社の資金を私的に流用しているなどのケースについては、経営者責任等の観点から、金融機関から自主再建は認められないという意向が示されれば、スポンサー支援について検討していくことが必要になろうかと思います。

　いずれにしても、経営者とよく話をして、自主再建、スポンサー支援等の事業再生の方向性を決めていくということが、一番大事であろうと考えております。

四十山　ありがとうございます。今、経営者責任の話が出ましたが、ご指摘のとおり、債権放棄を要請せざるを得ない事案においては、経営者責任および株主責任の問題が生じます。債権カット前提の事案において自主再建で進める場合、経営者責任および株主責任についてはどのように考えるべきでしょうか。

　仁瓶先生、いかがでしょうか。

仁瓶　経営者責任、株主責任についてということですが、まず、経営者責任につ

いては、経営者保証ガイドライン上必要とされている経営者責任というのは、経営者の退任ではなくて経営者責任の明確化です。経営者保証ガイドラインQAでも経営者の退任は必須ではないと明示されていますので、事案ごとの考慮が必要だと言えます。そうはいっても実際上、債権放棄が行われるとなれば経営陣が退任するケースが多いだろうと理解しておりますが、例えば窮境原因が旧経営陣にあり、現経営陣には特に原因なり責任がないという場合であったり、あるいは、現経営陣において経営を進めることが今後の事業性改善に望ましいと明らかに見込まれたりするようなケースであれば、事情を知らない第三者が経営を担って入ってくるよりも自主再建のほうが、金融機関にとっても望ましいということはあり得るわけです。したがいまして、債権放棄を求めざるを得ないということをもって、直ちに経営者を替えることを前提にスポンサー型に切り替えるということは避けるべきで、個別の事情に目を向けることが必要だと理解しています。

　他方で、株主責任については、債権放棄を求める以上は、既存株主が有する株式は全て無償で償却されるのが原則になると理解しています。ただ、中小企業事業再生等ガイドラインQAにもありますが、事案によっては、例えば支配株主の権利を消滅させる方法を取ったり、あるいは希釈化という方法を取ったりすることも認められているわけです。このような形で既存株主による株主責任が果たされているのであれば、特に自主再建が望ましいと考えられるケースでは、例えば窮境原因に帰責性がないと考えられるご親族の方とかに株式を保有してもらうという余地も検討して、スポンサー型によらずに経営陣を維持することを検討することが、必要な場面もあるのではないかと考えます。

四十山　今の点、吉田さん、いかがですか。

吉田　そうですね、全く同感ですが、中小企業の再生の場合特にそうなのですが、資本と経営が未分離で、経営者が株主でもあるという状況で議論するせいか、債権者が株主責任と経営責任をごちゃ混ぜにしているケースがまだまだ多いと思っています。

　経営責任論というのは、ある意味経営者の資質・姿勢・能力の問題なので、その人の存在が回収の極大化に資するのか、あるいはその逆なのかという観点から

論ずべき問題です。それから、既存株の無償償却の問題は、デッドが毀損するのにエクイティが無傷でいいのかという、両者のバランス論の問題と整理されます。これはある意味、形式的な問題だと思います。

　それから、新体制において株主をどうするのかという問題は、経営責任の問題から、再生の阻害要因になるとして一旦排除した人物が、何か隠れみのみたいな形で出資してきて、実質的には院政を敷いたら困ってしまうという、ある意味、経営責任論の亜種みたいな問題と整理されます。仮に同一人物が経営者でもあり株主でもある場合でも「経営責任・株主責任」それぞれの独立した論点から論ずるべきだと思います。ただ、現実的には、債権者は「この人のせいで債権カットする羽目に陥った」という被害者意識から、「坊主憎けりゃ袈裟まで憎い」みたいな議論を展開しがちですので、そのような感情的な議論は排除するように気をつけたいというのが私の感想です。

四十山　ありがとうございます。それでは、中小企業活性化協議会で多数の案件をご覧になってきた加藤先生から総括をお願いします。

加藤　今日、私、弁護士の立場ではないということを今改めて確認しました（笑）。

　基本的に、お二方がおっしゃったこととあまり変わったことは申し上げられないのですが、かつての中小企業再生支援協議会と中小企業活性化協議会の案件を多く見てきた立場から言うと、実際のところは、やはり先ほどおっしゃったように、経営責任の明確化、退任は必須ではないと経営者保証ガイドラインや中小企業活性化協議会の実施要領にも書いてあるわけですが現実的には、中小企業活性化協議会の債権放棄案件を見ていると形式的に退任を求めるような考えというのがまだまだ見えるかなと感じています。もちろん窮境原因との関係がないご子息が社長になって取り組んでいるのでそのまま留任するというような案件もありますので、細かく見ていけば、そうでない案件もあります。

　考え方としては、今お二方がおっしゃったことと基本的には相違ないところですが、やはり窮境原因との関係であるとか、実際、事業再生に向けてどのような体制が適切なのかを視点に検討すべきで、いわば事業再生計画の実行可能性の観点であるとか、あと最近ですとやはりガバナンスの観点ということで検討されて

いくべきだと思います。そのような意味では、先ほど三枝先生がおっしゃったような官民ファンドの活用も、実際出てきているかと思います。

Ⅲ 自主再建型の場合の数値基準について

四十山 では次に、先ほども話に出ました数値基準についてお伺いしたいと思います。仮に自主再建型で、そこそこキャッシュフローが出るような事業計画が立てられるとした場合に、しかしながら、必要投資額が大きく5年以内の実態債務超過解消が難しそうなケースがあるとします。しかし、10年あれば実態債務超過解消ができそうです。先ほどの説明にもありましたが、経営者保証ガイドラインの数値基準には、5年以内の実態債務超過解消という数値基準がありますが、このようなケースでは、自主再建を目指すことはできないのでしょうか。

三枝 そもそも、なぜ数値基準というものが必要とされているのかというと、それは単に金融債務の弁済を履行すれば良いということだけではなく、将来的に事業そのものが再建しなければならず、その点を検証・確認するための指標として要求とされているのだと考えています。そのための指標として、5年以内に実態債務超過を解消しなければいけないということだと思いますので、この要件を満たす再生計画案がつくれて初めて事業の再生が果たせるということになるのだと考えています。

ただ、5年という期間については、硬直的に考える必要はなく、中小企業事業再生等ガイドライン上も5年を「めど」にと書いてありますので、5年を超えることは当然許容されていると思います。

また、中小企業事業再生等ガイドライン上も、「企業の業種特性や固有の事情等に応じた合理的な理由がある場合には、これを超える」ことも許容すると規定されていますので、当該企業固有の業種特性、固有の事情があれば、5年を超えることも可能であり、この点について、当該案件の個別事情を検討していくことになります。

本件については、例えば単に設備投資が必要なので5年以内の債務超過解消は

できないということだけですとなかなか合理的な理由を認めることは難しいのかもしれませんが、当該会社についての固有の事情について具体的に検証し、合理性があるかを慎重に検討していくことは必要だと思います。

　なお、合理性の有無の検証に際しては、私としては、単なるリスケの計画なのか、債権カットを伴う計画なのかによっても、この判断基準は、異なってくるところがあるのでないか、リスケの計画の場合には、多少緩和して考えても良いのではないかと考えています。

四十山　ありがとうございます。

　加藤先生、中小企業活性化協議会では、債務超過解消が5年を超える事案も認められていることがあると聞くのですが、この点、詳しくご説明をお願いできますでしょうか。

加藤　おそらく、従前、いわゆる合実計画（合理的かつ実現可能性の高い経営改善計画）と言われる10年以内の実質債務超過解消の計画を中小企業活性化協議会が認めてきたというご指摘だと思います。ただ、この合実計画というのは、基本的にリスケジュールに限定されていますので、債権放棄案件では、基本的には5年という期間は結構厳しく行ってきたと考えています。

　今は中小企業事業再生等ガイドラインができまして、基本的には中小企業活性化協議会も中小企業事業再生等ガイドラインも数値基準の規定は同じですし、合理的な理由がある場合に、それを超えることも許容されるという考え方あるいは規定自体が全く同じです。リスケジュールの計画においても、リスケジュールだったら自動的に10年以内でもいいという考え方というわけではなく、やはりこの合理的な理由というところを個別事案ごとに、その業種、その企業、それぞれの個別事案ごとに検討していく必要があると考えています。

Ⅳ　官民ファンド

四十山　では次に、先ほど官民ファンドの話が出ましたが、スポンサー候補として金融機関から官民ファンドの活用を勧められるケースもあります。金融機関は

なぜ官民ファンドを勧めてくださるのか、吉田さん、いかがでしょうか。

吉田　理由は2つあります。

1つは、これは民間ファンドの方がいらっしゃったら、おまえの偏見だと怒られるかもしれないですが、官民ファンドの方が少し長い目で事業の推移を見ていただけるというか、あんまり短期で結果を出さなくてもよいように言っていただける印象があります。これは私見にすぎません。

もう1つは、お客様にファンドをご紹介するときに、しばしばこういう反応が返ってきます。「前、ドラマで見たんやけど、ファンドってハゲタカですか」と。「いやいや、そういうドラマは今となっては現代劇ではなく歴史ものだと思ってください」と説明します。加えて、官民ファンドだと公的な資金も入っているし、大体、「そこで働いている人の経歴を聞いてください、○○銀行出身ですって返ってくるでしょう、だから大丈夫ですよ、おたくのメインさんとあんまり変わりませんので」と言ったら比較的納得感が得られやすいと。この2つが大きいかなと思っています。

ただ、民間ファンドがハゲタカというのもある種の偏見だと思いますので、私個人としては民間ファンドでも、ある程度長い目で見ていただけるのであれば、どんどん案件に参加していただきたいと思っていますし、そのことによって民間ファンドに対する世間の物の見方がだんだんこなれてくればいいなと考えています。将来的には必ずしも官民ファンドでなくともよいというふうになっていくかもしれませんが、少なくとも現段階では、今申し上げた2つの理由について、官民ファンドがファーストコールになっているということでしょうか。

四十山　官民ファンドについて、矢吹さんはいかがでしょうか。

矢吹　特に地方案件においては、時間的制約、企業価値なども含めて、簡単にスポンサーはつかないというのが現状でして、やはりREVICなどの公的ファンドや官民ファンドなどを推奨する場合があります。債権カットを要する事業再生の場合、窮境要因に経営の問題、有責性があることが多く、レピュテーション面、特に従業員の方々の納得感を含めて、株主責任、経営責任、保証責任は果たしていただくという基本姿勢で事業再生を行ってきました。

私どもが主導した私的整理、債権カット案件のほとんどが第二会社方式で、各責任を果たしていただくことを原則としたスキーム立案を行ってまいりました。信用補完も含めて、私どもは第二会社のメイン行として計画遂行に一定の責任を負い、新規融資を実行するとともに、新規出向者の派遣等も実施しております。

　また、経営者が続投しないとどうしても事業存続が困難となることが明白な事案などは、有責性の低い親族などによる出資、新たな代表取締役の就任、あるいは旧代表者は執行役員などとして再スタートいただくというような建付け等により対応してきました。各ステークホルダーの納得感を得て、再生スピードを確保するためには、基本的に、従前の経営者は、経営からは一旦退出いただき、実務、運営面を担っていただくことが現実的かと思っています。そのためにできる限りの工夫をすることは大切で、官民ファンドの役割は非常に大きく、かつ有用であると考えています。

四十山　ありがとうございます。

　それでは次に、三枝先生、官民ファンドを選ぶ場合ですが、ほかのスポンサー候補者を紹介せずに、まず官民ファンドという事例もあるかと思うのですが、そのような場合のスポンサー選定の公平性の問題というのはどのように整理するべきでしょうか。

三枝　先ほども申し上げましたが、官民ファンドというのは、一般的には、自主再建を支援・補完するものとして、完全に自力で再生ができないときに、官民ファンドに依頼して支援してもらう、補完してもらうものとして選定されるということが一般的であろうと考えています。官民ファンドが株式、貸付債権を取得して、実質的に、主体的に経営に関わっていく、そして、将来的には経営者、あるいはその後継者等々に対して経営権を戻す、いわゆる「大政奉還」を前提としているものが多いと考えています。したがいまして、第三者のスポンサーが入ってきて経営に関与する、いわゆる第三者スポンサーとは、経営への関わり方、スキーム、投資の仕方が基本的に異なりますので、第三者スポンサーと官民ファンドを競争させるということは必ずしも必要ではない。同じファンドでも、その性質が全く違うので、なじまないのではないかと考えています。

ただ、一方で、近時は、官民ファンドが増えてきています。全国版、地域再生ファンド等、官民ファンドの数が増えてきていますので、官民ファンド相互の間で複数の提案をしていただくということで、公平性に配慮した手続の進め方をするということはあろうかと思っています。

Ⅴ　自主再建からスポンサー型に切り替える場合の留意点について

四十山　それでは、これまでの議論の中で、自主再建型でいく場合の要件として、資金繰り、数値基準、それから経営者責任などの話が出ましたが、これらの観点から自主再建が難しいと判断して、スポンサー型に切り替えるとなった場合のスポンサー選定について留意することは何でしょうか。
　仁瓶先生、お願いします。
仁瓶　スポンサー選定をスポンサー型で進めるとなった場合には、例えば本件では、甲社長は連帯保証しているという話がありますし、また、経営にどの程度関与していたか分からない社長の奥さんとか娘さんの保証債務が顕在化するということになりますので、まずその必要性について丁寧に説明するというのが大前提になるかと思います。
　また、資金繰りがもたなくなることが予測されるということからスポンサー型に切り替えるというときに、スポンサー選定に必要な時期、期間を短く見過ぎて、スポンサー選定の手続が適切に進められないことになることも、ないわけではない思っておりますので、こうした事態が生じないようにするために、スポンサー選定には一定の手続なり期間が必要だということは説明しつつ、資金ショートが見えるなら、そのショートの期間から逆算して十分に時間を確保してスポンサー選定を進めることが必要で、これに納得してもらうことが必要かなというふうに理解しております。第1部で紹介した事例ですと、まさに直前にご相談に来て、何とかはなったもののぎりぎりの局面で対処したということになります。そのような局面を迎える前に、多少は余裕を見て進めることが、本来的は望ましいと理解しています。

他方で、スポンサー選定の適正性についても注意を払う必要があると認識しています。金融機関には初期段階から選定の方針とかスケジュールを説明して、また、例えば先ほどの事例もそうですが、選定を急ぐ事情が特にあるというときには、それはなるべく可及的に事前に示すほうが望ましいだろうと思います。

　スポンサー選定を適正に進める観点からは、複数候補者から入札を募って、最高値のところを選ぶのが最善ですが、中小企業事業再生等ガイドラインQ&Aにもありますとおり、単一のスポンサーからしか入札が出てこない、選べないという案件も少なからずありますので、その場合には、なぜそうせざるを得ないのかを説明することが大事だと思います。

　今般の中小企業事業再生等ガイドラインの改定によっても、スポンサー選定についての丁寧な説明の必要性は明示されているかと思いますが、その意味でも、このような点は引き続き重要であろうと認識しています。

　付随的な話になりますけれども、そのためにFAが必要なのかどうかという話については、企業規模とか、あるいは資金繰り上、そもそもFAをつけられない事案というのも少なからずあり、金融機関の意向等も踏まえて、ケース・バイ・ケースで判断しているところです。FAをつけられなかったとしても、例えば経営陣の人脈とか、あるいは金融機関の方からの紹介等により、複数のスポンサーを見つけてくるということはできないことではありませんので、そのような状況に応じた判断が必要かと考えています。

Ⅵ　手続選択について

四十山　次に、手続選択についてお伺いします。中小企業事業再生等ガイドライン、中小企業活性化協議会、あるいは特定調停スキームのどれを選ぶかという点については、皆さん悩むところですが、まず仁瓶先生、いかがでしょうか。

仁瓶　中小企業事業再生等ガイドラインや中小企業活性化協議会スキームの利用が可能な場面であれば、まずは特定調停スキームよりもそれらを優先して検討しています。

相談の初期段階にて、依頼者が学校法人など会社法上の会社でない法人であるなど、協議会スキームの利用要件上の制約があるなら、中小企業事業再生等ガイドラインを利用することになるかと思います。依頼者が中小企業基本法2条1項の中小企業に分類されない場合にも中小企業事業再生等ガイドラインには利用の余地があると示されていますので、そうした場合も、事業再生ADRの利用の検討と併せて、中小企業事業再生等ガイドラインの利用も検討するのではないかと思います。

もっとも、その他の多くの中小企業再生の事案では、中小企業事業再生等ガイドラインも協議会スキームも、いずれも利用可能であると理解しています。

この点、協議会スキームには、プレ再生計画（暫定リスケ）も認められていて、また、過去の利用実績から金融機関の中小企業活性化協議会による金融調整に対する信頼もあると理解しています。金融機関から協議会スキームで進めてほしいというリクエストを頂いたこともあり、こうした側面からは、協議会スキームにメリットが有るように思います。

ただ、資金繰りショートが迫っている等、中小企業活性化協議会に相談に持っていく余裕もない場合や、中小企業活性化協議会の対応に地域差等がある場合もあるとも聞いており、当該地域の中小企業活性化協議会では二次対応に進むことが難しいようなときは、中小企業事業再生等ガイドラインが第一の選択肢になると思います。先ほどご報告した事例はまさにそういうケースであったと認識しています。

四十山　加藤さんはいかがでしょうか。

加藤　基本的には、中小企業事業再生等ガイドラインか中小企業活性化協議会かの選択だと思います。特定調停スキームは、第三者意見がもらえませんので、例えば小規模事業者で、取引金融機関も少なく、すべての金融機関との合意形成が図られている場合といった、限定的な場合で活用するイメージでしょうか。では、中小企業事業再生等ガイドラインと中小企業活性化協議会のどちらにするか、ということですが、自主再建を目指し、いったん暫定リスケで収益改善に取り組みたい（金融機関もそれを見極めたい）という案件であれば、仁瓶さんがおっ

しゃるように、常設機関として伴走できる中小企業活性化協議会がよいかな、と思います。そうではなく、ファンド支援やスポンサー型による債権放棄を伴う計画の策定を目指すのであれば、主要金融機関の意見を聞いて選択します。個人的なスタンスとしては、中小企業事業再生等ガイドラインでできるのであれば中小企業事業再生等ガイドライン、対象債権者が中小企業活性化協議会の利用を希望するのであれば中小企業活性化協議会、といった感じでしょうか。

Ⅶ 中小企業事業再生等ガイドラインを選択した場合における第三者支援専門家の設定

四十山 では、ご自身が会社側の代理人に就いているケースで、中小企業事業再生等ガイドラインを選択した場合、第三者支援専門家はどのようなプロセスで選定するのですか。仁瓶先生、いかがでしょうか。

仁瓶 まずは、主要債権者との相談の中で、希望する第三者支援専門家候補がいるか確認するようにしています。もし希望する候補者が特段ない場合には、当方よりコンタクトすることが可能な第三者支援専門家候補を提示して、主要債権者との面談を経て決めて頂いています。事案によって、特に複雑な事案の場合は、支援専門家の選定に疑義が生じないように、複数の候補をリストにして提示して主要債権者に選択して頂くようにしたこともあります。

これまで、当方から提示した候補者について、金融機関から反対を受けたということはありませんでした。当然ながら、第三者支援専門家の先生を紹介した場合でも、外部専門家と第三者支援専門家という立場の違いを維持して一定の緊張関係をもって案件を進めるようにしていますが、候補者を当方から提示する形にはなるので、その中立性を疑われることがないように気をつけています。

四十山 ところで第三者支援専門家に公認会計士は必ず入っていただくべきなのでしょうか。必須かどうかの基準はありますか。加藤先生、いかがでしょうか。

加藤 再生型で債権放棄を伴う案件――細かくいうとDDSも含まれますが――では、会計士を入れるべきと考えています。理由は、端的に「弁護士が財務DD

を検証することはできますか?」ということだと思っています。私も、ずっと再生をやっていますから、財務DDをチェックしていろいろと意見を言うことはできますが、では専門家として責任をもって意見を言えるか、といわれれば、財務会計の専門家ではないので無理だと思っています。

　ただ、例えば小規模事業者の廃業型の案件で、貸借対照表も複雑でなく、経済合理性の観点で清算BSの検証が必要となるだけ、という場合は会計士を入れないこともあり得ると思います。

Ⅷ　劣後ローンの取扱い

四十山　A社の事例では、政府系金融機関からの資本性ローン、それからコロナ特例融資があります。仮に債権放棄となる場合に、これらの特殊な債権をどのように取り扱うべきか、皆さんご関心があると思いますが、公庫で多くの事例をご覧になられている吉田さん、いかがでしょうか。

吉田　過去の災害時、例えば東日本大震災の際は、震災後にご融資したものについては、例えば東日本大震災事業者再生支援機構がDIPファイナンスと同等の扱いしていただいて――例外的に計画がつくれないから公平にというケースもありましたが――、基本的にはDIPファイナンスと同等の扱いしていただいたというケースが大半でした。今回のコロナ禍においては、特に債権放棄やDDS等の抜本支援を行う場合には、実務上、コロナ融資もほかの通常の債権と同じように、公平に扱っているケースが大半だということをご紹介しておきたいと思います。

　次に、資本性ローンをどのように扱うということも、特にDDSとの対比でよく議論になるとは思います。DDSであれば過剰債務部分を劣後化したということになるのですが、コロナ資本性ローンに限らず、資本性ローンは、「真水のお金を劣後条件で融資した」という実態があります。これを優先カットという話になると、制度の趣旨から見て少し厳しいということがありますので、我々としては、実務上、資本性ローンも他の通常債権と同列に扱うという運用がされている

と認識しています。

　ただ、現実問題として、清算配当がゼロだったらそのような問題は絶対起きないのですが、ある程度、清算配当がある程度見込める場合、金融機関借入中の資本制ローンのシェアによっては、資本制ローンを通常債権と同列に扱うと他の債権者にとっては破産のほうが回収増となるという逆転現象が起きることも論理的にはありえます。このような逆転現象が生じる場合には、主務省とご相談の上ではありますが、全債権者の経済合理性確保のため少し調整することはあり得るというのが現在の実情です。

四十山　それでは、これにて再生編のパネルディスカッションを終了します。ここまで三枝先生、加藤先生、仁瓶先生、ありがとうございました。

Part2　廃業編

〔パネリスト〕

とうほう地域総合研究所理事長　　矢吹　光一
日本政策金融公庫中小企業事業本部東京企業サポート第二室長　　吉田　行康
弁護士　　髙井　章光
弁護士　　宮原　一東
弁護士　　北野　知広

〔コーディネーター〕

弁護士　　四十山千代子
（法人名・役職などはシンポジウム開催当時）

はじめに

四十山　それでは続いて、廃業編のほうに移ります。廃業編からご登壇いただいた皆様、一言、自己紹介をお願いします。

髙井　弁護士の髙井です。第1部に続きまして登壇させていただきます。よろしくお願いいたします。

宮原　弁護士の宮原と申します。どうぞよろしくお願いいたします。

北野　弁護士の北野です。よろしくお願いします。

I　廃業型手続

1　自主再建型かスポンサー型か

四十山　廃業型の事案を簡単にご説明いたします。

B社は食肉加工業を営んでいます。

直近の年商は5億円です。償却前営業利益は、ここ数期は若干のマイナスでし

た。償却後営業利益は10期連続でマイナスです。

　Ｂ社には６億円の借入れがあり、ここ10年間、元本弁済猶予を受けています。機械設備や事務機器のリース債務が2000万円残っています。消費税と社会保険料の滞納も1000万円程度あります。

　創業者である乙会長は85歳であり、６億円の借入金全てについて連帯保証をしています。自宅も物上保証に差し入れられています。息子の丙社長（平取締役で代表権なし）は50歳であり、保証人にはなっていません。乙会長によると、丙社長は、今後、自分が保証人となりＢ社を経営していくことについては消極的です。

　約20名いる従業員の平均年齢は60歳近くになっており、高齢化しています。

　乙会長によると、得意先の売上げは２社に偏っており、事務改善のポイントなどは現時点では不明です。

　Ｂ社の資産の大部分は不動産であり、自社所有工場のほか、地方に処分困難な不動産を所有しています。売掛金や在庫などで、資産価値があるものは乏しいということです。

　乙会長は、Ｂ社の運転資金を維持するために、約3000万円の貸付を既に行っています。乙会長の手元にはまだ1000万円の預金が残っていますが、高齢であるため、今後のことを考えると、この1000万円と担保に入っている自宅は手元に残したいとの意向を持っているという事案です。

　Ｂ社は、今後、事業収支が改善するかどうか、また、資金繰りについても先が見通せないような状況であるというふうに読み取れました。北野先生、このような状況において、ご自身がＢ社の代理に就いた場合、まず何を考えますでしょうか。

■Ｂ社　事案概要■

- Ｂ社は食肉加工業を営んでいる。
- Ｂ社の直近期の年商は５億円である。償却前営業利益は、ここ数期は若干のマイナスであった。償却後営業利益は、10期連続でマイナスであった。

> - B社には6億円の借入金があり、ここ10年間、元本弁済猶予を受けている。機械設備や事務機器のリース債務が2000万円残っている。消費税と社会保険料の滞納も1000万円程度ある。
> - 創業者の乙会長は85歳であり、6億円の借入金すべてについて連帯保証しており、自宅も物上保証に差し入れている。息子の丙社長（平取締役で代表権なし）は50歳であり、保証人にはなっていない。なお、乙会長によると、丙社長は、今後自分が保証人となりB社を経営していくことについては消極的である。
> - 約20名いる従業員の平均年齢は60歳近くになっており、高齢化している。
> - 乙会長によると、得意先の売上は2社に偏っており、事業改善のポイント等は現時点で不明である。
> - B社の資産の大部分は不動産であり、自社所有工場のほか、地方に処分困難な不動産を所有している。売掛金や在庫などで資産価値があるものは乏しい。
> - 乙会長は、B社の運転資金を維持するために、約3000万円の貸付を行っている。乙会長の手元にはまだ1000万円の預金が残っているが、高齢であるため、今後のことを考えると、この1000万円と自宅は手元に残したいとのことである。

北野　先ほど再生編でも似たような質問があったと思いますが、まずは資金繰りだと思います。滞納している消費税や社会保険料の状況も気になるところです。

　滞納により公租公課庁が差押えをほのめかしている状況であれば大変ですし、逆に、換価の猶予を得て、今後も支払を待ってくれそうだというような状況であれば、ひとまずは安心だと思います。今後新たに発生する公租公課を払えるのかも含めて、資金繰りを確認したいと思います。その結果、いつまで資金繰りがもつのか、デッドラインを確認して、状況によってはリース債務や借入利息の支払猶予も考えながら、資金繰りがもつ時間軸の中で、自助努力で収支改善をしていけるのか、そうではないのかということをある程度見極めて、対応を検討していくということになると思います。

　資金繰りが維持できて、自助努力で改善できる可能性があるということであれば、まずはリスケによる自主再建を考えると思います。その際、手続としては、先ほどもありましたように、中小企業活性化協議会のプレ再生を利用する、暫定リスケの計画案を策定するということも考えます。設例では後継者の問題もありまして、それをどうするのか、例えば後継者を従業員の中から探したり、いなければ提携先や承継先を考えたりすることも必要になってくると思います。

そういった自主再建ではなかなか難しい、心もとないということであれば、スポンサー支援を考えるのかなと思います。このあたりは、経営者でもあり保証人でもある乙会長とよく話をして、ご意向を確認しながら丁寧に進めていくということが、初期段階ではとても大事なのかなと思います。

スポンサーがつきそうだということであれば、債権者のご意向も確認しながら、中小企業活性化協議会の再生手続なのか、中小企業事業再生等ガイドラインの再生型なのかということを検討します。他方で、スポンサーもつかないということであれば、ソフトランディングによる廃業ができるかどうかを考えて、それが可能そうだということであれば、廃業型の中小企業事業再生等ガイドラインの利用を検討することになっていくと思います。

四十山　ありがとうございます。

Ｂ社の事案は、資金繰りもなかなか厳しそうな状況の中で、消費税と社会保険料の滞納も1000万円もあるということですが、この場合には、公租公課庁の動きが気になるところです。宮原先生はどのように対応されますでしょうか。

宮原　公租公課庁との対応で弁護士はどう向き合うかというのは、結構事案によって違っていて、例えばスポンサー型で早期に事業譲渡をして、それで公租公課を一括で払う場合は、事業譲渡の状況を説明するため、弁護士が公租公課庁に説明に行くというのはあると思うのですが、そうではないような場合に、安易に公租公課庁に弁護士が行くと、そもそも通知税理士でないと会ってくれないとか、会ってくれたとしても、「弁護士が来た」イコール「法的処理のリスクがある」と考えられて、かえって滞納処分を誘発するということもあるので注意が必要だと思います。

あと、本件においては、会長に手元資金があるようなので、代表者のお金を入れる場合に注意が必要なのは、代表者（保証人）の手元資金を流出させた（減少させた）という側面もあるわけです。どういう形で入れるのか、また、入れるべきでないのか、その点を、経営者、場合によっては主要行等とも相談しながら決めるという形になるかなと思います。

2　スポンサー型で進める場合、再生型か廃業型か

四十山　では続いて、B社の乙会長は85歳ということで、ご自身としてはもう経営の意欲があまりない。それから、経営改善のポイントももう分からないということで、自主再建が難しいと判断して、スポンサー型で進めることになったと仮定します。この場合に、中小企業事業再生等ガイドラインを利用するとして、再生型で始めるべきなのか、廃業型で始めるべきなのかという点について、どのように考えればよいのでしょうか。

　まず、北野先生、いかがでしょう。

北野　どのようにすべきかというのはなかなか難しいですが、再生型の手続がありますので、やはりまずは再生型の利用を考えます。再生型のほうが第三者支援専門家の関与が早いということもありますので、手続の透明性確保に資するということを言えますし、数値基準なども定められており、それを目がけて進めていくというような面がありますから、金融債権者からも安心してもらえるとも思います。再生型でも対応可能だという場合に、スポンサー事案であえて廃業型を選択する理由は、説明しにくく、かえって何か変なことを考えているのではないかと勘ぐりを入れられるのも嫌なので、再生型を基本的には考えます。

　再生型を採るのが難しい場合、例えば時間を要してしまって資金繰りが破綻する、リース債権者もカット対象とせざるを得ないとかいった場合には廃業型で進めざるを得ませんが、そうではない限り基本的には再生型を考えます。

四十山　宮原先生はいかがでしょうか。

宮原　今回の中小企業事業再生等ガイドラインの改定で、廃業型でも事業譲渡を目指す場合には、早期に第三者支援専門家を入れることもあるので、廃業型だから透明性が欠けるということはないというふうにまず思っています。

　また、廃業型と再生型といろいろ言いますけれども、明確に分かれるものではなくて、グラデーションになっていると思っています。

　再生型の場合には数値基準があります。これは先ほどの三枝先生の説明にもありましたけれども、再建の蓋然性の確認確保のための要件と考えています。そう

すると、この再生型というのは、本来的には数値基準の適合性が見いだせる案件を想定していると思います。確かに中小企業活性化協議会の実務の中では、スポンサーへの譲渡を再生型で扱って、数値基準適合性を見ないで進めているケースはあろうかと思います。ただ、これはスポンサー型だから数値基準が要らないと言えるものではないと思います。中小企業活性化協議会では、廃業型という類型を扱えないという立てつけになっているので、（スポンサーの支援を受けることで事業性を見いだして、事業再生の蓋然性が高まったとして）再生型で扱っている側面があると思います。

他方で、中小企業事業再生等ガイドラインについては、再生型だけではなくて、廃業型も手続としてありますので、事業譲渡ができるケースの場合でも、数値基準適合性が見いだせない、要は事業価値がない案件は、廃業型で進めることも、ケースによっては十分あり得るのではないでしょうか。廃業型の場合は、再生型と違って、数値基準適合性が求められていません。また、リース会社も対象債権者に取り組めるなど手続が弾力的なので、進めやすい側面があります。

加えて、廃業型の場合、経営者保証ガイドラインのインセンティブ資産の考え方が違います。つまり、廃業型の場合、保証債務整理を活用する局面において、経営者保証ガイドラインでは、将来時点との比較で保証人の経済合理性を考えることができる形になっています。単純廃業型であればインセンティブ資産を残せるのに、事業譲渡で再生型にしたがゆえに（対象債権者の回収額が増えているにもかかわらず）、将来時点との比較ができなくなり、保証人にとってインセンティブ資産が残しにくくなるような形になれば、保証人に酷な面があるように思います。

したがって、事業価値がない事案など、ケースによっては、事業譲渡型であっても、廃業型を選択することが合理的と考えており、実際に実務でもそのように進めることがあります。

3　廃業型の手続選択

四十山　では次に、B社について、スポンサーを探しながら廃業型で進めること

になったとします。廃業型の手続には、中小企業事業再生等ガイドラインの廃業型、それから廃業型の特定調停スキーム、それから特別清算の３つがあるというのが第１部でも出てきましたが、ご自身なら、このＢ社についてはどのスキームを活用されますでしょうか。

　まず北野先生、いかがでしょう。

北野　私としては、廃業型の手続として中小企業事業再生等ガイドラインができたこともありますので、中小企業事業再生等ガイドラインの廃業型を利用したいと考えています。利用者側としては、自らスケジュール管理がしやすいということで、見通しをつけやすいという面がありますし、速やかに処理できるという利点があります。

　先ほど具体例でご説明申し上げました案件は、スポンサー型ではない単純廃業だったわけですが、最終的には特別清算を必要とせずに中小企業事業再生等ガイドラインのみで債権放棄を受けることができたということもあって、手続的負担が軽いと感じたこともありますので、そのような場合には、やはり廃業型の中小企業事業再生等ガイドラインがいいと思います。中小企業事業再生等ガイドラインの場合は、手続の透明性確保や、債権者の理解を得るために、第三者支援専門家を早期に選定して、手続を進めるのがいいと思います。

四十山　宮原先生はいかがでしょうか。

宮原　このＢ社の事例で恐らく保有資産で価値のあるものは不動産のみです。そうすると、不動産を処分しても基本的に担保権者への弁済に充てられる形になります。また、公租公課も一定程度ございますので、そうすると、非保全配当原資というのがほとんど出ません。

　中小企業事業再生等ガイドラインの場合には、第三者支援専門家が入るという意味で透明性もありすばらしいのですが、やはり手続的に重たい部分もあります。この専門家費用で、ごく僅かの配当原資が全部充てられてしまう部分も問題としてありますので、場合によっては、この費用のほうを考えて、特別清算で廃業することを主要行に相談するとか、もしくは日弁連の特定調停の廃業型で進めることを主要行に相談することも十分合理性があります。主要行との協議次第に

はなりますが、中小企業事業再生等ガイドライン以外の選択肢も選択肢から外さない方が良いように思ったところです。実際に私が扱った事例で言いますと、B社同様の製造業の事例で、中小企業活性化協議会スキームを進めていたものの、資金繰りが急速に悪化して、廃業せざるを得なくなった事例で、中小企業事業再生等ガイドラインの廃業型を利用することなく、主債務者と保証人一体の弁済計画を対象債権者に提出し、全行同意を得て、保証債務整理を図った後で特別清算にて整理を図った事例があります（保証人は、中小企業活性化協議会の単独型で整理しました。弁済計画としては、主債務者と保証人の計画を一体的に作成し、対象債権者の同意を得ました。）。

4　計画前事業譲渡

(1)　問題の所在

四十山　では、次に行きます。B社についてスポンサー選定手続を進めていたところ、スポンサー候補が見つかりそうな状況になったとします。一方、急速に資金繰りが悪化しており、来月末には資金ショートしそうな状況となっています。また、地方の不動産を処分して資金化するには、まだかなり時間を要する見込みです。このような場合、まだ計画は成立していませんが、計画成立前に事業譲渡を実行するということが許容されるでしょうか。

　北野先生、お願いします。

北野　そのような場合には、スポンサーにプレDIPファイナンスを入れてもらって、中小企業事業再生等ガイドラインの再生型で進めるようなことができたらいいのですが、スポンサー側としては、リスクを考慮してプレDIPファイナンスを入れることはできないというような場合もありますので、そうであれば、今のような事案であれば、速やかに事業譲渡を行うしかありません。そのときに金融機関の理解をどのように得ていくのかというのがポイントかなと思っているのですが、スポンサー選定手続の経過やスポンサーとの協議状況を適時に丁寧に説明していくことが必要だと思います。中小企業事業再生等ガイドラインの廃業型を利用して第三者支援専門家を早期に選定して、事業譲渡の過程を確認してい

ただくということで透明性を確保する体制とするのが、後に価格相当性やスポンサー選定のプロセスについての疑義は出にくくなり、安全だと思います。

　場合によっては、第三者支援専門家に、スポンサー選定手続についての中間報告を調査報告書に先立って提出いただければベターですし、実際そのようにして、金融機関の理解を得て進めていく工夫をしたという例もあるというふうに伺っています。このような進め方が、今回の中小企業事業再生等ガイドラインの改正の趣旨にも沿うと理解しています。

四十山　ありがとうございます。

　吉田さんにお伺いしたいのですが、このような計画前事業譲渡に対して、金融機関はかなり抵抗感を示すケースが多いと思うのですが、金融機関側から見てどのような点が問題なのでしょうか。

吉田　最近、この手の話はすごくたくさんご相談いただいているのですが、正直すごく悩んでいます。金融機関の立場からいうと、配分案が見えていないと、本当に破産よりもましな話になるかどうかというのが確定していないわけじゃないですか。すると、組織内で同意する理由の説明がすごく難しい。

　私は公庫以外の金融機関に勤めたことがないので厳密には分かりませんが、やはり周囲のお話を聞いていると、せいぜい「明示的に反対しない、黙っているぐらいが関の山」というところがやはり多いかなと。ただ、実際には黙っていること自体を中で怒られるという文化の金融機関もあるので、正直、かなりハードルは高いと思います。

　ただ、これは今の感覚はそうだという話で将来は変わってくるかもしれません。私ももう60歳近くなって、昔のことを振り返ってみると、今は民事再生の世界で計画前事業譲渡ってごく普通に行われていますが、民事再生法ができた当時は結構大騒ぎしていた金融機関も多く、今になってみると、何であんなに騒いでいたのだろうと思います。そのような意味では、中小企業事業再生等ガイドラインも大分こなれてくるというか、時間の経過によって手続きの信頼度が高まるという風潮ができてくるんじゃないかなと考えています。ですから、専門家の皆様におかれましては、金融機関に対し、嫌がられても相談するということが大切

だと思います。

　頭の体操の世界では、資金繰り破綻が目前に迫っており、もうこれ以上他の先を探してる時間ないわ、計画前事業譲渡しかないという話があった際に、①破産あるいはこのまま事業継続するよりも配当財源が増加する、②代理人の先生がきちんと資金管理しており、譲渡対価が流出しない、③代理人の先生にきちんとした計画策定実績があり、衡平感のある配分を策定していただける見込みがあるという３点が揃えば稟議にかけられると思います。ただ、そのように稟議にかけたとき、上司に「裁判所も専門家も検証していないのに、その内容を誰が担保するんだ」と詰められたら、「過去の関係から私は代理人の先生を信じます」という以外の反論は難しく、みんな黙ってしまうということなんだと思います。

　特に、今日は金融機関の皆さんもいれば、専門家の皆さんもいますが、ひょっとしたら、この手の議論を聞くと専門家の皆さんは、「金融機関の人間は何て根性なしなんだ」と思われるかもしれませんが、やはり私的整理は金融機関の担当者にとってかなり説明責任のハードルが高いです。破産は経済合理性の面では劣るかもしれませんが、破産の場合は金融機関における意思決定の局面がなく、説明責任を問われる局面は基本的にありません。それに対して、私的整理は経済的には有利とはいえ、「私的整理の損失」は、おまえが主体的に判断したんやろと言われるので、説明責任の上ではちょっと厳しい面があります。このような金融機関担当者の心理的負担を補完するのが、法的整理においては裁判所の検証であり、中小企業事業再生等ガイドラインにおいては第三者支援専門家の方の検証ということになるのですが、それがない段階で意思決定を求められると、みんな固まってしまうというのが実情です。もし金融機関の人間を何て根性なしなんだと思われたときには、「経済合理性に納得していないわけではなく、説明に難儀しているんだ」というふうに思いを馳せていただくと、どんな情報提供すればよいのかという意思疎通もスムーズになり、割と丸く収まると思いますので、皆さん、ご配慮よろしくお願いいたします。

(2) 中小企業活性化協議会での実務

四十山 分かりやすい説明、ありがとうございます。

ところで、髙井先生、中小企業活性化協議会では、計画前譲渡はＮＧだということを聞くのですが、ご経験の中ではいかがでしょうか。

髙井 中小企業活性化協議会も絶対行わないという方針を持っているわけではないと思いますが、やはり、今、吉田さんのお話もありましたとおり、なかなか難しいんだと思います。先ほどもご紹介しましたけれども、計画前譲渡への対応は難しいという取扱いになってしまうと思います。

四十山 先ほど吉田さんからもありましたように、民事再生手続では計画前事業譲渡は一般的に行われていますが、民事再生では可能なのに、中小企業活性化協議会ではどうして原則NGとされているのか、その点を整理いただけますでしょうか。

髙井 多分、中小企業活性化協議会という手続の問題ではなくて、先ほども吉田さんがおっしゃったように、法的手続である民事再生と私的整理との違いの問題ではないかと思います。民事再生では債権者の意見聴取手続があって、なおかつ裁判所の決定というプロセスがあります。その決定において、裁判所は、清算価値を上回っていることや、事業譲渡により弁済原資確保の実効性があること等の経済合理性や相当性を確認して決定しているわけです。そこに信頼性がありますので、そのような手続の中で事業譲渡が行われるということであれば、問題なく進んでいくのだと思います。そのようなプロセスではなく、債権者全員の合意でどこまでそれができるのかというところでは、なかなか早期に債権者全員からその合意を取るというのは難しいことから、決定プロセスを前提とする裁判手続である法的手続と、全員合意を取ることを前提とする私的整理の違いによるものではないでしょうか。

つまり、中小企業活性化協議会において、なかなか難しいと思いますが、計画前事業譲渡を行うとする場合には、早期に取りあえず事業譲渡だけ対象債権者全員から同意を取得するプロセスが必要となることから、その同意が取れるのかどうかがポイントだと思います。

四十山　髙井先生はこれまで、私的整理で計画前譲渡が必要と考えられるケースでは、どのような工夫をされてきましたか。

髙井　そうですね、多分金融機関の方に計画前譲渡の全ての事項について同意してくださいと言ってもなかなか、先ほど吉田さんがおっしゃったように難しいでしょうし、ただ、もちろん黙って進めるわけにもいきません。事業譲渡を行うことが全体的には合理性があるということは、多分皆さんは分かっているという状況ですから、私的整理手続の中でどれだけその合理性を説明できるかというところに腐心するというただ１点になるかと思います。

例えばバンクミーティングの中でこのような事業譲渡を計画しているということ、さらにその譲渡対価についての説明をする、それも何らかの合理的な資料を出せればいいかと思います。それが中小企業ですと、事業譲渡なのか資産譲渡なのか微妙な部分が多くなり、説明資料としては資産価値の評価書が重要になったりすることもあります。そのような説明を行っていく中で、バンクミーティングで大きな異論なく、大体担当者の方がうなずいている状況の中で、さらに事業譲渡後に特別清算をして、最終的に、その事業価値対価でこういった弁済になりますというところまで大体見通しを説明するようなことが多かったかなと思います。

ですので、バンクミーティングプラス特別清算の手続、空になった会社の特別清算を実施するという、そのような流れを説明して、弁済率の可能性を説明します。それだけでは金融機関の歩調がなかなか合わなければ、特定調停を実施したうえで特別清算を行います。さらに今般、中小企業事業再生等ガイドラインができましたので、中小企業事業再生等ガイドラインを実施したうえで特別清算ということも考えられます。もし信用保証協会に言われて特別清算が必要になった場合は、そのような形になります。

(3)　今後の実務のあるべき運用

四十山　これまでのお話を踏まえまして、宮原先生、中小企業事業再生等ガイドライン手続においては、今後どのような運用が進められていくべきだとお考えでしょうか。

宮原 中小企業活性化協議会スキームも中小企業事業再生等ガイドラインも、基本的には同じものですので、計画同意を得てから事業譲渡を行うというのが大前提、大原則かなと思います。ただ、中小企業事業再生等ガイドラインは、中小企業活性化協議会のような「官」の制度ではなくて、主要行と外部専門家が共同して進める「民」の仕組みですので、当事者間の創意工夫で柔軟に対応する余地があるわけです。特に廃業型の場合は、時間の経過とともに手元資金が失われていくので、早期の譲渡が関係者全員にとって望ましい類型になります。それにもかかわらず、弁済計画の形で、全ての資産処分の内容、方向性が固まらないと（私的整理手続では）事業譲渡が実行できない（事業譲渡プラス破産しかない）と硬直的に対応するのも、それまた不合理な場面が出てきます。

　原則論は変わらないのですが、中小企業事業再生等ガイドラインにおいて計画前譲渡を例外的に認める要件の検討があってもよいのではないかと思います。1つ目として、事業譲渡を早期にすることによる必要性や合理性が極めて高いということ、2つ目として、対象債権者に対しては債権者会議等で丁寧に説明をした上で明示もしくは黙示の同意がある、少なくとも異議がないということ、3点目として、計画前の譲渡実行をして、弁済原資を適切に管理し、将来策定する弁済計画において、清算価値を上回る相応の配当原資が見込めるということ、4点目として、代理人弁護士が債権者に説明しているだけではなくて第三者支援専門家に対してもその合理性等について十分に説明し、第三者支援専門家の概ねの理解・確認を取っているようなケース、という4つのような状況が確認できる類型は、計画成立前であっても、主要資産の譲渡もしくは事業譲渡を許容する余地があるのではないかというふうにも思っています。

　ただ、一般論として「やけど」をしてしまいがちな類型かと思いますので、十分に留意しながら対応すべきだと思います。できれば、今後の中小企業事業再生等ガイドラインQ&Aの改定等の際に、どのようなケースの場合は行っても構わないとか、もしくはこのような問題点・留意点があるよというような形で整理していただけるとありがたいと考えていたところです。

四十山 ありがとうございます。

最近は、コロナ禍の影響で、計画前譲渡しか事業を生かす方法がないというケースが増えてきているかと思いますが、矢吹さん、今後の実務の在り方について、ご意見いかがでしょうか。

矢吹 今後の在り方というか考え方ですが、やはり計画前譲渡しか手法がないという場合で、どうしても事前に金融機関の合意が得られないということであれば、例えば譲渡対価を明確にして、個別口座等で分別管理し、担保設定することを前提として、中小企業事業再生等ガイドライン手続を行なう、あるいは特定調停を申し立てるということにチャレンジすることができないだろうかと考えます。

金融機関としては、その事業存続自体に異論があるのではなく、対価の妥当性、適切性や回収手続きの公正性、透明性を重視していますので、そのような透明な枠組みの中での対応であれば、一定の理解は得られるのではないかと思います。

ただ他方、公租公課の話が先ほどありましたが、公租公課の滞納から破産手続以外の選択肢がなくなっている点が非常に気になっています。資金繰り、時間的制約から計画前譲渡も困難となり、破産による破綻処理も増えていると思います。破産後に、裁判所に事業継続許可を取ってスポンサーを探されている事案なども最近出ているようですが、公租公課の柔軟な対応も検討していくべき段階にあると考えます。

四十山 ありがとうございます。

今、矢吹さんからご指摘をいただきましたとおり、最近の公租公課庁の動きを考えますと、金融機関がある程度納得しているという事案では、計画前事業譲渡に踏み切らざるを得ないケースも増えてくるのかもしれませんが、ただ、その中で、取引債権もカット対象になってくる場合というのは、別の視点からの考察が必要となります。

髙井先生、この点いかがでしょうか。

髙井 まず、公租公課庁の動きがあるのは、かなり公租公課が多いということがあり、それで私的整理の手続を進めることができるかどうかという問題がまずあります。優先的に弁済すべき公租公課を支払った後に、債権者に対して一定の弁

済を行うだけの弁済原資を確保できるかという問題です。仮に私的整理手続を進めることができそうであるという前提で、ただ取引債権を全額支払うことは資金的にできないという状況だとすると、取引債権を私的整理に巻き込まなければいけないだろうという場面が考えられます。その場合ですと、私的整理で進めるうえで、金融機関は私的整理について理解されていても、取引債権者に対して債権カットについてどこまで説得できるかという問題になります。1、2社ぐらいの取引債権者であれば、説得して、金融機関と同じ土俵での私的整理に入れることも十分考えられるでしょうし、そういった形で特定調停を成立させたこともあります。少額のところについては優先的な弁済をしたとして、どこまで支払えば取引債権者の数を減らすことができるのか、どこまで取引債権者を手続内に残すかという点と、私的整理が成立する可能性との関係でバランスをとる必要があります。

　私的整理がもう成立しないほど公租公課が大きい場合ですと、破産手続しか採れないだろうという前提の中で、破産の前に事業譲渡するのか、それとも破産手続を何らかの形で利用しながらの事業譲渡をするのかという、多分、別のテーマになってきます。破産の前に事業譲渡するという判断も迅速に行わなければいけないような事情がある場合も最近は多いと思います。破産手続の前に事業譲渡する場合には、将来の管財人の否認権行使のリスクについて検討しなければなりません。その事業譲渡対価とか、その必要性とかを後々説明できるような準備が必要ですし、比較的時間があれば裁判所と連携を取って、破産手続の直後なのか、それとも保全管理手続の中で譲渡するのかを検討することになります。

5　リース債権の取扱い

四十山　廃業型の場合、リース債権者も手続に取り込むことになりますが、金融機関には利息を支払う一方で、リースについては使用料のようなものは払わず、完全に支払を止めることが多いと思います。

　髙井先生、リース債権者と金融機関との間の衡平性に留意すべき点はありますか。

髙井　2024年4月から適用されている中小企業事業再生等ガイドラインの改定版Q&AのQ61において、対象債権にリースが含まれている場合、リース債権残高から利息相当額を控除した金額を基準とするなど、一時停止の取扱いを整理しているので確認して頂ければと思います。リース資産については、利用を継続するのかしないのか、によって異なる取扱いをすることがあると思います。すなわち、廃業整理期間においてリース物件を利用するのであれば、その期間だけリース料を支払い、リースの利用を停止した場合には残リース料を対象債権に含めるという取扱いも多いと思います。そのほか、資金繰りの状況においては、リース料の支払を止めた上で、リース物件の引渡しの調整に入る（よって、この期間中はリース物件は事実上、清算手続のため使用される）こともあるのではないかと思います。

6　単純廃業の場合

四十山　では次に進みまして、本件のB社の経営者は85歳であり、もう高齢であるということや、資金繰りがもたないという理由で、スポンサーを探すことなく、最初から単純廃業型としたいというケースであるとします。このようなソフトランディング型の廃業の場合に、どのようなタイミングで中小企業事業再生等ガイドラインの廃業型を開始すべきかという点について、髙井先生、いかがでしょうか。

髙井　事案とか債権者の意向を見て、大体その廃業のスケジュールを決めて、そのスケジュールの中のどこに中小企業事業再生等ガイドラインを位置づけるかというふうに考えます。考え方はいろいろありますし、事案にもよりますが、不動産が多いということが本件ではありますので、その処理が重要になる可能性があるだろうと思います。担保権者としては、その不動産が適正な価格で処分されることが回収に結びつきますので、そこに結構焦点が当たる場合があります。そうすると、その担保不動産の処分に時間がかかるような場合ですと、最初に中小企業事業再生等ガイドラインを実施して、その手続の全体像を債権者全員に説明したうえで、当該手続の中で不動産売却を進めていくのか、それとも大体処理がで

きた後の段階で、最終の清算のところで中小企業事業再生等ガイドラインを実施するのか、方法は2つあり得ると思います。

　私が検討したことがあるのは、担保不動産の処理にかなり時間がかかる場合に、その期間中は会社も廃業して、コストをどんどんどんどん落としていく、弁済原資を減らさないように保全していくことになりますが、やはり一定の費用がかかってきます。その一担保権者のためだけに手続を続けているわけですが、そのために会社を維持する最低限の費用がかかることについて、ほかの債権者にも了解を得て進めていく必要がある場合は、やはり最初から何らかの同意を他の債権者に取って進めていきました。

　また、このようなケースでは、担保権を有していない債権者にとっては、回収に時間がかかることが明らかになるため、サービサーへ債権売却をしてしまいます。そうすると、最初にバンクミーティングで口頭にて合意をした事項については、新しく債権者となったサービサーは知らないので、手続全体を再度説明し、理解を得るため説得する作業が必要となる場合あります。そのようなリスクがあるのであれば、最初の段階にて、準則型私的整理を実施し、債権者との合意事項について明確になる形、例えば同意の意思結集をして、その結果を議事録に残すなどをしておけば、債権譲渡によって債権者が変わってもその合意内容については変わらないこととすることができます。

　ケース・バイ・ケースにて、単なるバンクミーティングで進めるのか、それとも中小企業事業再生等ガイドラインを実施して、きちんとした枠組みでやっているという形で進めていくのかを考えていくことになります。

四十山　ありがとうございます。

　吉田さん、このような単純廃業型の場合、金融機関の立場からは、一度はスポンサーを探して弁済極大化の努力をすべきという考えになるかと思いますが、いかがでしょうか。

吉田　なりますね。これは内部と外部と1つずつ理由があります。

　まず内向きの理由。金融機関にとって損失処理というのは、ありとあらゆる手段を取った結果としての損失処理なので、それを1つ省略するというのは、なか

なか内部的に通らないケースが多いわけです。それがまず内向きの理由です。

　それから外向きの理由として、ある種のレピュテーションリスクといいますか、正直なところお客様に、「あなた、もう駄目だから単純廃業しましょう」と債権者からいきなり持ち出すのは結構つらい面があります。「あそこの金融機関は冷たい、取引先を簡単に見放す」という風評が流れると営業上厳しいため、可能性は低いかもしれないけれども、一緒に引受先がないか探してみましょう、結果的に駄目だったとしてそれならばしようがないですね、それでは、廃業のほうに転換しましょうというプロセスを組むことが、金融機関のレピュテーションリスクのコントロール上、一見無駄に見えても必要でお願いするケースが、かなり多いのではないでしょうか。

　正直なところ、債務者の納得感を醸成するのは債権者である金融機関の仕事だと認識はしていますが、これは知識の問題というよりは人間力の勝負みたいなところがあって、そのような人材をどうやって育成したらいいか、多分どの金融機関も難儀していると思います。担当者Ａさんが成功しているからといって、別の担当者ＢさんがＡさんと同じように説明したらうまくいくかというと必ずしもそうとは限らなくて、かえって大きなトラブルになるケースもありますので、そのようなときはぜひ専門家の皆さんのご助力も得たいと思っていますので、ご協力をよろしくお願いいたします。

四十山　ありがとうございます。

　ところで、単純廃業型の事案の場合、金利の支払が厳しいケースもありますし、金融機関によっては、その時点でもう預金拘束をしてしまったほうが、手っ取り早く回収ができるというケースもあるように思います。中小企業事業再生等ガイドラインの廃業型を開始する際に、どのような点に留意すべきかという点について、宮原先生、いかがですか。

宮原　預金の取扱いは気にしながら対応します。

　もっとも、メイン行からの紹介とか、もともと事業者と金融機関との関係性が良好なケースの場合は、再生型の場合もそうだと思いますが、基本的に預金拘束の心配はないケースが多いと思います。ただ、金融機関と事業者との関係性が希

薄で、いきなり廃業の宣言をするような場合は、注意が必要なケースがあります。先ほど四十山先生の話の中にありました金利の支払が厳しいケース、また、法的整理すれすれのようなケースの場合は、「廃業の申出」＝「預金拘束」という金融機関もないわけではないので、そのような場合は、預金を別のところに移すことを検討するケースもないとは言えません。

　次に、そもそも金利を払わない対応に問題がないかという点ですが、金利を払わない場合、1点目として、それ自体で支払停止とされかねず、その後の入金等があった場合、預金拘束されてしまうリスクがあります。2点目として、金利を払わないということは、信用保証協会の保証付きの場合はもう代位弁済されてしまう問題もあります。一時停止の要請後に代位弁済したら、一時停止の要請に反していないのかという論点もあります。3点目として、信用保証協会の代位弁済の際、一定期間の通常金利も代位弁済の対象になる点があります。そうすると、プロパー部分については金利を払っていないのに、信用保証協会の保証付きの部分に関しては金利が払われるという意味で、債権者間の公平性の観点でも問題がある面があります。また、保証協会の求償権元本が増加する問題もあります。

　上記問題がありますので、私の扱ってきた今までの廃業型の事例については、金利の支払は少なくとも一定期間支払ってきたものが大半です。望ましいのは計画同意時点まで支払うことですが、そうではない事業者も一定期間は金利を払って、預金拘束等を受けないような形で対応していることが多いです。ただ、金利を払えない場合の対応として、上記論点にどうこたえるかについては、事案ごとに都度対応しており今後の検討課題かと思います。

四十山　今のお話の点、弁護士目線からは見落としがちですが、金融機関にとっては、元金のみを止めるのと、金利まで止めるのでは、全く意味合いが異なりますので、この点は注意ですね。

　北野先生、その他に留意すべき点はいかがですか。

北野　取付け騒ぎが起こらないよう取引先に不安を与えない、また、売掛金や在庫等の換価回収極大化のためにどのようにスムーズに事業停止にもっていくか、段階的な事業縮小・契約終了などを検討していく、従業員も並行して減少してい

くことだと思いますが、その中でいかにして従業員の協力を確保していくかも大事になりますね。

四十山 吉田さん、単純廃業型の場合、金融機関側で特に留意すべき点はありますか。

吉田 「経営者の納得感」をいかに醸成させるかが最初の問題です。この問題については前述したので詳細は省略します。

　第二に金融機関の損失処理に対する配慮。仮に破産配当よりも多くの弁済が受けられたとしても、法人・事業が存続するわけではないので、法人税基本通達に照らして「任意に積極的に債権放棄する」ことの説明が困難であることから原則最終処理としては特別清算手続を行ってほしいと考えます。

7　特別清算

四十山 先ほど特別清算のお話が出ましたが、先ほど北野先生からもお話があったように、信用保証協会がいる場合などは、最終的には特別清算を利用して債務免除を受けることが必要になるケースが多いと思います。

　髙井先生、計画の中での債権放棄か、あるいは特別清算での債権放棄となるか、このあたりはどのようなことから差がでるのでしょうか。

髙井 特別清算を使う場面としては、再生型の手続では、再生計画案における債権放棄の合理性判断を金融債権者が好まず、第二会社方式をとり、事業を第二会社に譲渡したのちに、残った会社を特別清算にて清算する中で債権放棄を受けるということが多く行われています。

　廃業型の場合は、資産を合理的な方法で換価処分するだけですので、再生型のように第二会社方式を要望されることはありませんが、信用保証協会が債権者である場合には、その求償権の放棄において、地方公共団体の議会承認が必要とされていることが多く、これらの廃業型の準則型私的整理において弁済計画案による債権放棄が難しい場合があります。そのような場合には、中小企業事業再生等ガイドラインの廃業型などを利用したとしてもその手続では債権放棄は行わず、最終的には法的整理である特別清算にて清算を行うことになります。

Ⅱ 経営者保証に関するガイドライン

1 固有債務

四十山 では、経営者保証ガイドラインに移ります。まず、乙会長がすでに手元現預金1000万円を使い切ったうえで、さらに金融機関のカードローンと個人のクレジットカードを活用して500万円の借入をして、会社の運転資金に使っていたとします。乙会長がこのような固有債務を払っていく資力がない場合、このような固有債務を経営者ガイドラインに含めることは可能ですか。

宮原 本来的には固有債務は経営者保証ガイドラインの対象ではありませんが、固有債務の債権者の了解が得られれば、対象債権者に含めることは可能とされています。もっとも、固有の債権者からの了解が得られないケースもあります。信金や信組が会社には貸せないけどカードローンで貸すよう勧めるという実務があり、その結果、経営者保証ガイドラインの障害になる事案が見受けられます。

四十山 吉田さん、金融機関の立場からいかがですか。

吉田 債務者が全行に対してリスケ要請を行った後、債務者の取引金融機関が経営者保証人に対してカードローンで融資し、その金が役員借入の形で債務者に流れているというケースをしばしば目にします。その状況で「これは保証人の固有債務だからカット対象外です」と言われても「カット逃れのための確信犯」のように見えるので素直に承服しがたいところです。

　個人に貸しても、「融資したときの実態」に応じて固有債務もカットの対象になるという実務を進め、真に必要な資金は正面からDIPファイナンスとして各債権者に持ち出すという流れが理想でしょう。

四十山 本件では、乙会長がカードローンを借りて、それを主債務者B社に貸付していますが、どのような論点が考えられますか。

宮原
①前述のとおり、そもそも固有の債務が経営者保証ガイドラインの対象になるか

という点、

② 主債務者Ｂ社に債権を持っている保証債権者は、主債務者から相応の配当があることから、保証人に対し、一定のインセンティブ資産を残すという理屈が成り立ちますが、乙会長の固有債権者からすると、主債務者Ｂ社からの配当を受けられるわけでもなく、インセンティブ資産を認めるという理屈を立てられるのか否かという点、

③ 上記と関連して、主債務者Ｂ社の弁済計画において、乙会長のＢ社への債権を劣後扱いにしない計画を立案することが可能かという点、

などが考えられます。

四十山　ありがとうございます。

2　自宅の処理

四十山　それでは、次にまいります。乙会長は自宅を残す希望を持っていますが、自宅には取引金融機関の借入れの物上保証が設定されています。このような場合には、親族に買い取ってもらうことが考えられますが、親族が用立てできない場合に、どのような対応方法が考えられますでしょうか。

　宮原先生、いかがですか。

宮原　経営者保証ガイドラインＱ＆ＡのＱ.７‐19に、いわゆる公正価額弁済で対応する処理が書かれています。いろんな方法があるのですが、例えば保証人に一定期間の生計費を超えるインセンティブ資産を残させてもらって、それを弁済原資にして担保権者に払うという形で自宅を残すという処理をしたケースがあります。

　また、インセンティブ資産が残せないようなケースで、自宅の価値相当額を主債務者から保証人が免責的債務引受をして、保証人自身がその後の収入で弁済をして、自宅の価値相当額を支払った段階で担保解除を受けて、自宅を残すという事例もあります。

3　経営者の私財提供

四十山　引き続き宮原先生、B社の乙会長は手元に1000万円が残っている状況です。B社の乙会長は、1000万円を手元に残したいというご希望をお持ちです。この1000万円は、保証債務の履行、あるいは会社の運転資金のために提供すべきものなのでしょうか。

宮原　経営者保証ガイドラインにおいて、廃業型の場合は、将来時点との比較で経済合理性を判断することが許容されています。要は早期に廃業することで、主債務者に対しては手元資金を会社に突っ込まずに、保証人の手元資金を残したという説明ができる事例もあります。

　また、経営者保証ガイドラインQ&AのQ.7-16では、準則型私的整理を行うことで、主たる債務者または保証人の資産の売却額が破産していた場合よりも増加すると合理的に考えられる場合は、その増加分も経営者保証ガイドラインの経済合理性で考慮できるという整理になっています。

　本件について見ると、主債務者の回収見込み額の増加額、保証人の資産処分の増加額を合理的に説明して、一定期間の生計費を超えて、1000万の財産のうち相当額を残すような交渉をすることが考えられます。経営者が高齢ですので、例えば老人ホームの費用相当額を残すように説明するとか、もしくは医療費がかかるようなケースの場合は、医療費の説明などをして、一定期間の生計費を超えるような形で残させてもらうような交渉を行うことが考えられます。

Ⅲ　最後に

四十山　それでは、最後になりましたが、今回の金融庁監督指針の改正で求められております金融機関による再生支援・廃業支援は、いわば金融機関に求められるデットガバナンスの最終章、締めくくりに当たるのではないかと考えています。再生型、廃業型を問わず、デットガバナンスについて、お考えを伺いたいと思います。

まず吉田さん、いかがでしょうか。

吉田 あまり格調高い話ができなくて申し訳ないですが、デットガバナンスを裏返して考えてみて、債務者は何で債権者の言うことに耳を傾けるのかという側面で考えてみると分かりやすいと思います。イソップ童話で「北風と太陽」という有名な話がありますが、北風的な側面からいくと、債権者から競売されたりとか差押えされたりしたらどうしようという恐怖の部分が多分あると思います。それからもう1つは太陽的な側面、金融機関、債権者の言うことを聞いていれば、またお金を貸してくれて、いいことがあるんじゃないかという期待もありそうです。多分この2つの思いの中で揺れていらっしゃるというのが、債務者の思いではないでしょうか。北風的な側面についてはあんまり考えなくてもいいですが、太陽的な側面については債権者サイドにちょっと工夫が必要なところもあって、経営改善フェーズにあるお客様に対しては、何であなたはお金が借りられないのか、融資の稟議がなかなか通らないのは何故か、あるいは受験で例えるなら貴方は合格最低点からどれぐらい上なのか下なのかを工夫しながら伝えることで、お客様のいい行動を引き出していくというのがデットガバナンスだと考えています。

　これはある意味、金融機関にとってはリスクがある話で、正直、あんまり積極的にはやりたくないことでもあります。お客様が皆さん善意だったらいいですが、もし悪意のお客様がいたら、ある意味、粉飾のヒントを与えてしまうことになりかねないところもあって、金融機関の文化の中では、あんまり判断の根拠というのを積極的に伝えるのはどうなのかという議論があるとも聞きます。でも、悪意の人には言わなくてもいいと思うのですが、少なくとも今後、再生の後押しをしていこうという債務者に対しては、伝え方を工夫しながら金融機関の考え方を伝えていくということが、デットガバナンスということになると、これはあくまでも私見ですが、考えています。

四十山 では矢吹さん、お願いします。

矢吹 デットガバナンスとは、換言すれば、我々地域金融機関としての責任とも考えられます。つまり、事業会社に融資するにあたって、その事業価値、将来性、知的財産、人的資産等を適正に評価し、共に経営を考えていくことが我々地

域金融機関に求められています。地域金融機関は、これまでの取引経緯、企業の位置づけ、経営者との関係性、地域経済・雇用に与える影響等を総合的に勘案しながら、多年にわたったお付き合させていただいた企業に対しては、しっかりとした事業再生、廃業支援を行ないたいと考えています。

　他方、一律の対応は困難であるため、中小企業事業再生等ガイドライン、特定調停、特別清算等、透明なスキームを活用するなどの工夫も必要になっております。事業再生、廃業支援を行う場合、やはりメイン行が丁寧な説明を行ない、できる限り早い段階で外部専門家を紹介することも大切であると考えます。

　最後に、今日、金融機関の方がたくさんいらっしゃるということなのでお話を少しだけさせていただきたいのですが、地域金融機関の役職員は、できる限り地域の事業者のお役に立ちたいと本気で考えております。多くの役職員は、地域が、ふるさとが大好きで、地域金融機関に入っており、地域の企業に寄り添って、伴走支援したいと思っています。今、我々地域金融機関に求められていることは、非常に先の見えない混沌とした時代にあって、事業会社とともに自分たちにしかできないイノベーション（事業変革）を起こすことです。変革は行動変容であり、行動変容のためには、決断することが必要です。主語を他人事から自分事として、変革の起点を自分自身として、愚直なまでに誠実に、ワンチームとなるべき局面が、いよいよやってきたと考えています。地域金融機関としての本領をここから発揮していきましょう。

四十山　矢吹さん、ありがとうございました。

　それでは、シンポジウムはこれで終了となります。皆様、お疲れさまでございました。

第2編

中小企業事業再生への視座

2024年度シンポジウムについてのコメント

学習院大学法学部教授　松下　淳一

　以下は、2024年度の当機構のシンポジウムについてのコメントであり、シンポ全体との関係ではやや周辺的な事柄に着目することをご容赦頂きたい。

　従来のシンポと比べて、本年度のシンポの特徴の１つは廃業型への言及が多いことであろう。第１部では、「中小企業の事業再生等に関するガイドライン」の第三部／五（廃業型私的整理手続）や特定調停による廃業について報告があり、第２部のパネルディスカッションにおいても廃業事例への言及がされていた。従来のシンポでは、当機構の名称が示すように専ら事業再生に焦点を当てるテーマが多かったのとは趣が若干異なるように思われる。
　その背景には、コロナ禍を経ていわゆるゼロゼロ融資の返済が始まり、採算性の乏しい事業を止める以外に選択肢がない中小企業が多数あるため、その処理に正面から向き合わざるをえないという事情もあろう。

　倒産処理は、その内容から再建型と清算型とに分類される、というのが倒産法入門で語られる。そして、再建型は、さらに自主再建型とかスポンサー型等に分類され、その再建手法について詳細な議論が積み重ねられている。これに対して、清算型については、その内容について詳細な分析はあまりされてこなかったように思われる。事業を解体し、財産を売却してその代金を債権者に分配するというだけのことで、その進め方にバリエーションがあるということが意識されにくかったのかもしれない。
　しかし、本日のシンポにおいて言及された廃業型は、あえて単純化して言えば

ソフトランディング型であり、清算型についてもその手法が様々にあり得ることを示唆している。このソフトランディング型は、突然死型と対置できよう。

資金繰りが苦しくなっても廃業の決断ができないままに事業を続け、ある日突然支払を停止して事業を止めるとなると、取引先は納入や供給が止まり、その事業に負の影響が出ることは必至であり、従業員も予期しないタイミングでの勤務先の破綻で職を失い、転職できるまでその生活が危うくなることもあり得る。事業を止めた後の財産の売却は無秩序無計画なものとなりがちで、正常な価格での売却ができず売却代金は低くなり、債権者への分配も多くは望めなくなりかねない。

以上に対して、廃業型のガイドラインを利用するなどしてソフトランディング型の廃業をすれば、事業を継続しながらその規模を徐々に縮小し、その間に取引先は少しずつ他の取引先を開拓する時間的な余裕を持つことができ、財産の売却は時間をかけて正常価格に近いところで行うことが可能となり、雇用は規模の縮小の進み具合に応じてサイズダウンし、従業員は心積もりの上で転職活動をすることが可能になる。さらに、突然死型だと、例えば売掛金の回収が困難になるとか、未完成の工事があると違約金が発生する等の問題が生じがちであるところ、ソフトランディング型であれば事業を縮小しつつ継続する中でそのような問題を回避することが容易になろう。このような営みは、事業の外部の専門家（税理士、中小企業診断士、公認会計士、弁護士等）によってその経済合理性（主として清算価値保障）を担保することが、債権者からの信頼を獲得する上で重要であろう。

このソフトランディング型の廃業という発想自体は、例えば金融機関の破綻処理における orderly resolution（秩序ある処理）という考え方の中に既に存在している。リーマンブラザースの破綻を契機とした金融危機から得た教訓であり、平成26年3月、改正預金保険法の施行により、「金融システムの安定を図るための金融機関等の資産及び負債の秩序ある処理に関する措置」が導入された。ただし、金融機関の場合には、その業務の特殊性から純粋に事業をたたんでしまうことは考えにくく、他の金融機関への事業譲渡が中心となる点が、純粋の廃業型と異なる点ではある。このような秩序ある処理という考え方は、金融機関の突然の

事業停止が経済全体に甚大な影響を与えることから生まれたものであると理解されがちで、一般の企業、特に中小企業にも、量の差はあれ同様に当てはまるということはあまり意識されなかったのかもしれない。

　ソフトランディング型の廃業は、とかく後ろ向きで消極的なニュアンスのみを帯びがちな清算という作業のプラスの側面を明らかにする。秩序ある清算は、採算性の乏しい事業の中に閉じ込められていた人的資源、不動産等の財産やノウハウを解放し、採算性のある事業へと移す契機となるのである。そのような意味において、ソフトランディング型の廃業はビジネスのエコシステムの必須の構成要素である。

本シンポジウムを聴いて

弁護士　小林　信明

I　本シンポジウムの意義

1　中小企業の事業再生の重要性

　周知の通り、我が国において、中小企業数は全企業数の99％を占め、その従業員数は、全従業員数の70％近くを占めており、中小企業が経営改善、事業再構築を行い、生産性を高めていくことは、我が国の喫緊の課題となっている。他方、2020年からのコロナ禍、加えて原材料の高騰や社会構造の変化によって、過剰債務に悩む中小企業は増加しているところ、その経営改善、事業再構築を進めるためにも過剰債務処理（事業再生）は避けて通れない状況にある。そのため、中小企業の事業再生およびそれができない場合の廃業（以下、本稿では「事業再生等」という）の促進は、重大な社会的要請となっている。金融庁においても、近時、金融機関向け総合的監督指針において、金融機関に対し、顧客へのコンサルティング機能を発揮し、中小企業が事業再生等に取り組めるよう支援することを求めているのも上記のような認識を共通にしているからである。

　しかしながら、中小企業の事業再生等は、それが客観的に必要とされる状況にある企業数と比較して、なかなか進んでいない。それは、中小企業者自身の認識とその意欲が乏しいこともあるが、金融機関関係者で事業再生等に取り組む人材および事業再生等の実務専門家人材がともに不足していることにも一因があると言われている。この状況において、本シンポジウムが開催され、金融機関関係者

や弁護士などの実務専門家の方々に対し、中小企業の事業再生等の手法の解説がなされたことは、まさに時機に叶ったものであり、社会的に有意義なものであると評価されよう。

2 具体的な事例の検討の重要性

準則型私的整理手続は、中小企業と金融機関が交渉によって進めていくものであるところ、中小企業と金融機関との交渉は、従来からの関係性や、中小企業の誠実性、事業再生等に着手した経緯などが影響する。その意味で、その交渉は、具体的な事案のもとで個別性が高いものと言える。そのため、準則型私的整理手続は、より良い実務の事例の集積によって、適切な手続として発展・進化していくことが期待されているものであるから、適切な実例の検討が重要となる。

本シンポジウムでは、事業再生手続の概要を具体的な事例を以って説明している。これにより、金融機関関係者に対し、手続の具体的なイメージが示されるとともに、事例で具体的な問題点の説明もなされたので、今後具体的な案件に関与することになった場合に、どのような事項について検討するべきかの理解が進んだものと思われる。

また、弁護士などの実務専門家の方々においても、例えば、どのような手続を選択するべきか、どの段階でメインバンクと相談するべきか、一時停止の要請の仕方、その場合の預金をどのように対応しておくべきかなど、これらの手続を利用する際の悩みどころについて検討する方向性が示されたものと思われる。

本シンポジウムにおいて、単に手続の抽象的な解説に留まらず、実際の事例について、実際に関与した経験豊富な専門家による説明がなされたことは、金融機関関係者、実務専門家の方々双方にとって極めて貴重なものであったと考えられる。

Ⅱ 中小企業の事業再生手続の種類と実務的な棲み分け

本シンポジウムでも紹介されている通り、中小企業の準則型私的整理手続とし

ての事業再生手続としては、①中小企業の事業再生等に関するガイドライン、②中小企業活性化協議会手続、③特定調停手続がある。簡単にその特徴とそれぞれの手続の実務的な棲み分けを概観してみる。

1 中小企業の事業再生等に関するガイドライン

　中小企業の事業再生等に関するガイドライン（以下、本稿では「中小企業GL」という）は、コロナ禍において過剰債務に悩む中小企業の事業再構築を進めるためにも、過剰債務処理が必要であることから、中小企業の事業再生等を進めるために、全国銀行協会（以下「全銀協」という）を事務局として、関係団体の代表や有識者が参加して組織された研究会によって、2022年3月に策定された[1]。その大きな特徴の1つとしては、中小企業GL第二部において、「平時」、「有事」、「事業再生計画成立後のフォローアップ」の各段階にかかる中小企業者および金融機関双方の対応を明記したことである。これは、中小企業者に対し求めるべき事項はしっかりと求めた上で、金融機関側に対してもしっかりとした対応を促すという形で規定されている。研究会に参加した幅広いステークホルダーのコンセンサスとして中小企業者と金融機関双方のなすべきことが整理されたものである。

　中小企業GL第三部では、債務整理手続として中小企業版私的整理手続が、再生型手続だけではなく、廃業型手続についても定められた。廃業型の準則型私的整理手続が策定されたのはこれが初めてのことである。これらの手続は、申立代理人が主導して手続を進めるが、中立・公平な立場の第三者支援専門家（主要債権者の同意を得て対象債務者が選任）が関与することで、手続の公正性・透明性が確保されることになる。

2 中小企業活性化協議会手続

　中小企業活性化協議会手続（以下、本稿では「活性協手続」という）は、2022年

---

[1] その制定は、政府の成長戦略実行計画（2021年6月閣議決定）に基づくものであり、関係官庁がオブザーバーとして広く参加している。そのため、民間で定めた準則ではあるが、公共的な側面があり、その遵守が強く期待されている。また、実務の集積を踏まえ、より明確にすべきであるなどの要請があったため、2024年1月に改定された。

に政府が作成した中小企業政策パッケージの一環として、中小企業再生支援協議会が改組されたものであり、中小企業の収益改善フェーズや、さらに進めて、事業再生フェーズ（債務整理手続フェーズ）の手続が定められている[2]。活性協担当者が関与することにより、債務整理手続としての公正性・透明性が確保されることになる。

3　中小企業GLと活性協手続との相違と棲み分け

債務整理手続としての、「中小企業GL」と「活性協手続」とでは、①廃業型手続としては前者のみ、②プレ再生計画（数値基準がない暫定リスケ計画）が可能なのは後者のみ[3]、③企業再生税制を適用できる可能性があるのは後者のみ、④対象債務者は前者の方が広い[4]、という相違点がある。このことから、実務としては、廃業型計画を目指す場合や、対象債務者要件から活性協手続を活用できない場合には、中小企業GLを活用し、他方、当初からプレ再生計画を目指す場合や企業再生税制の適用を目指す場合には、活性協手続を活用することとなる。

中小企業の「再生型手続」については、再生計画案の数値基準などは中小企業GLと活性協手続は基本的に同一であり、双方の手続の活用が考えられるが、どちらを選択するかは、対象債務者やその代理人、メインバンクが検討することになる。実務の傾向としては、基本的には、①対象債権者が多く、金融調整が困難な場合には、活性協手続を、②資金繰り状況から迅速にスポンサーを選定しなければならない場合など迅速に手続を進める必要がある場合には、中小企業GLを、それぞれ利用する例が多いようである。また、中小企業GLは、活性協手続と比較すると申立代理人が主導してメインバンクと協議しながら手続を進めることが想定されているので、それに適する状況のもとで活用が検討されよう。

---

[2]　債務整理手続やその計画上の数値基準は、従来の中小企業再生支援協議会手続と異なるところはない。
[3]　もっとも、中小企業GLにおいても、同GLに準じた準則型私的整理として暫定リスケ計画を作成することは許容されよう。
[4]　中小企業GLでは、学校法人や社会福祉法人など会社法上の会社ではない法人や、中小企業基本法2条1項の要件に形式上該当しない場合でも、その実態に照らし適切と考えられる場合には利用できるものとされている。

4　特定調停

　特定調停は、裁判所の調停手続の一種であるが、2000年に施行した「特定調停法」に基づく債務調整手続である。債務調整手続としての重要な点は、日弁連が2014年に「経営者保証に関するガイドラインに基づく保証債務整理の手法としての特定調停スキーム利用の手引」を、2017年に「事業者の廃業・清算を支援する手法としての特定調停スキーム利用の手引」をそれぞれ策定したことである[5]。これらは特定調停の日弁連スキームと呼ばれ、実務的にはこのスキームに従って債務調整がなされている。このスキームの特徴としては、①簡易裁判所にて実施、②申立て前の段階で申立代理人が主体的に金融債権者と交渉して調整を実施し、すべての金融債権者の同意が得られる一定の見込みがあることを前提に、その後に特定調停を申し立てる（事前調整型）、③原則として、特定調停手続内で財務等のデューデリジェンスは実施せず、1～2回の期日で成立することが想定されている、④手続として清算型・廃業型も可能であり、対象債務者としての限定はなく法人も個人も可能である、⑤調停が成立しなくとも（すべての債権者の同意を得られない場合にも）裁判所は調停に代わる決定ができ、一定期間に利害関係人から異議が申し立てられない場合には、裁判上の和解と同一の効力が生じる（民事調停法17条）、⑥手続費用が比較的安価、ということが挙げられる。

　このスキームは、中小企業 GL と同様に申立代理人が主導して手続を進めることになるが、前記のように特定調停申立て前に、金融機関と交渉をして、計画案について同意を得る一定の見込みがある必要がある（事前調整型）。しかしながら、この事前調整の段階では、手続の公正性や透明性を確保するための格別の手順が定められていないため、申立代理人に相当な力量がなければ、金融機関の理解を得ることが難しい可能性があると思われる。そう考えると、中小企業 GL や活性協手続の活用が可能な場合には、特定調停よりもそちらの手続の活用を要望する金融機関が多いのではないだろうか。

5）　これらの手引きは、2020年2月、2023年11月に改定されている。

Ⅲ　経営者保証に関するガイドライン

　中小企業が金融機関から融資を受ける場合には、経営者が個人保証（経営者保証）を提供している例は多い。その場合、中小企業が事業再生等に着手すれば、経営者としては保証債務の請求を受けることになり、生活が破綻するおそれが生じる。そのため、経営者はそのような事態になることをおそれて、それらに着手する決断ができないという弊害が生じる。そこで、日本商工会議所と全銀協を事務局として、関係団体の代表や有識者が参加して組織された研究会によって、2013年に経営者保証に関するガイドライン（以下、本稿では「経営者保証GL」という）が策定された[6]。このGLには、経営者が保証債務の請求を受ける事態になったとしても、破産に至らないで、一定の財産を残して経営者保証債務を免除できるという準則型私的整理手続が定められた。

　経営者保証GLの最大の特徴は、中小企業（主たる債務者）が事業再生等に着手した場合、経営者の保証債務の債務整理において、主たる債務者の債務整理と一体として経済合理性を考えることとして、その範囲内で、経営者保証人に、破産に至った場合に残る資産を超える一定の資産を残して、経営者保証債務が免除される可能性を認めたことである。すなわち、①主債務者が再生型の場合、(A)主債務および保証債務の弁済計画（案）に基づく回収見込額の合計金額と、(B)現時点で主債務者および保証人が破産手続を行った場合の回収見込額の合計金額とを比較する。②主債務者が清算型（廃業）の場合、(A)現時点において清算した場合における主債務の回収見込額および保証債務の弁済計画に基づく回収見込額の合計金額と、(B)過去の営業成績を参考としつつ、清算手続が遅延した場合の将来時点（将来見通しが合理的に推計できる期間として最大3年程度を想定）における主債務および保証債務の回収見込額の合計金額を比較する。そして、再生型および清

---

[6]　その制定は、政府の日本再興戦略（2013年6月閣議決定）に基づくものであり、関係官庁がオブザーバーとして広く参加している。そのため、民間で定めた準則ではあるが、公共的な側面があり、その遵守が強く期待されている。

算型ともに、(A)─(B)の範囲内で、経営者が破産した場合に残せる財産に加えて、経営者に一定の財産を残して（インセンティブ資産[7]）経営者保証債務の免除を受けることができるとしたものである（経営者保証GLQ&A 7-13）。

　実務的な課題としては、上記経済合理性の範囲内で、具体的に経営者保証人にどの程度の資産を残せるか（金融機関の理解を得られるか）ということである。これについては、経営者保証GL策定時から、Q&Aにおいて類型的に具体的な金額を示すべきであるとの意見もあったものの、目安を記載するに留まった（Q&A 7-14）。経営者保証人に残せる資産の具体的な金額は、経営者側と金融機関の交渉によって定めるものであって、それは経営者と金融機関との従来からの関係性や、経営者の誠実性、事業再生等の着手した経緯などが影響する。その意味で具体的な事案のもとで個別性が高いため、実務の事例集積が重要と考えたからである。その観点からは、金融庁が発表している事例集ともに、本シンポジウムで紹介された事例が、実務的に大いに参考になると思われる。実務としては、Q&A 7-14で目安として定めた「一定期間の生計費相当額」は、基本的に経営者に残す資産として認められる傾向があり、それを超過する資産を残せるかは、合理的な個別的事情を金融機関に説明できるかに関わっているようである。

Ⅳ　（中小企業側）実務専門家の方々と金融機関関係者にお願いしたい事項

　本シンポジウムのパネルディスカッションでは、民間金融機関関係者、政府系金融機関関係者、弁護士が登壇し、具体的な事案をもとに様々な論点についてディスカッションがなされた。登壇者のいずれもがそれぞれの立場から率直な意見を表明し、今後の実務を担う者にとってとても有益なものとなった。その内容について、紙幅の関係で、ここで触れることはできないので、本書の当該箇所を

---

[7]　経営者は、早期に主たる債務者の事業再生等の着手を決断したことに対するインセンティブとして、主債務の整理と一体として考える経済合理性の範囲内において、破産法上の自由財産（破産法34条3項・4項）を超える資産を残すことが認められている。この資産は、「インセンティブ資産」と呼ばれる。

読んで頂きたい。

　ここでは、上記パネルディスカッションの内容にも関連するが、中小企業側の実務専門家（税理士、中小企業診断士、弁護士などの方々）および金融機関関係者にお願いしたい事項を述べたい。

1　平時における中小企業者と金融機関の適切な対応の重要性

　前述の通り、中小企業GLでは、第二部において平時における中小企業者と金融機関双方の適切な対応を具体的に定めた。債務整理手続とは別に、社会的コンセンサスとしてこれらの事項を定めた意義は、極めて大きい。これによって中小企業者と金融機関の信頼関係を構築し、両者が協力して中小企業者の収益力改善に務め、有事に陥ることを防止するという予防的効果を得るとともに、中小企業者が仮に有事に陥った場合でも、平時において両者間で築かれた信頼関係は、金融機関による迅速で、円滑な支援検討を可能とするという効果も期待されるのである（中小企業GL第二部第1項(1)）。このような効果を発揮するためにも、中小企業者およびその実務専門家と金融機関関係者には、特に次の点について実行して頂きたい。

(1)　中小企業者の「経営の透明性確保」と金融機関の「中小企業者に対する誠実な対応」

　中小企業者による適時適切な経営情報等の開示等による経営の透明性確保は、中小企業者と金融機関との間の信頼関係構築や、中小企業者の収益力改善に向けた協力関係構築のための最も基礎的事項であり、極めて重要である。そこで、中小企業GLは中小企業者にその実行に努めることを求めた（中小企業GL第二部第1項(2)②）。中小企業者自身にその実現を求めることに加えて、税理士や弁護士などの実務専門家の方々にもそれが実現するように適切な助力をお願いしたい。粉飾決算や重要な財務事項について隠蔽したり、虚偽な情報を金融機関に提供することは厳に避けていただきたい。このようなことが生じると金融機関との信頼関係は維持できないし、収益改善等に向けた金融機関の適切なコンサルティング

機能も実効性がないことになるからである。

　しかしながら、従前、中小企業者のなかには、適時適切な経営情報等の開示に消極的である傾向があった[8]。その理由としては、中小企業者側からすれば、情報開示をすれば、金融機関から不当に厳しい対応を受け、経営上の支障が生じることをおそれることが考えられる。しかし、中小企業者が適時適切な情報の開示に消極的になれば、却って正確な情報が入手できない金融機関にとって不利益な状況となる。そこで、中小企業GLは、中小企業者に適時適切な情報開示をすることを促すため、中小企業者から情報の開示を受けた金融機関に対し、その事実や内容だけをもって不利な対応をすることがないよう、情報開示に至った経緯やその内容等を踏まえ、誠実な対応に努めることを求めた（中小企業GL第二部第1項(3)③、Q&A「Q9」）。中小企業者の適時適切な情報開示は、金融機関の利益にもなることなので、金融機関関係者にはそのことをご理解頂き、誠実な対応をお願いしたい。

(2) 中小企業者の「予防的対応」と金融機関の「予兆管理」

　平時から有事への移行は、突発的に生じるだけではなく、環境の変化等に十分に対応できないことにより段階的に生じることが十分に想定される。そこで、中小企業GLは、中小企業者の対応として、有事に移行する兆候を自覚した場合には、金融機関や実務専門家などの助言を得るように努めつつ、本源的な収益力の改善に向けた事業改善計画を策定・実行すること等の「予防的対応」が重要であると指摘した（中小企業GL第二部第1項(2)④）。もっとも、中小企業者自身だけでは、その対応が難しい面があるので、税理士や中小企業診断士などの実務専門家の方々にそれが実現されるように適切な助力をすることを求めている[9]。そして、これに対して金融機関には、中小企業者に上記策定・実行に関する主体的な取組みを促すとともに、その支援を行う「予兆管理」をすべきことを指摘した

---

8) 中小企業が倒産した場合、その財務内容を調査した結果、粉飾が発見される例は多い。
9) 2024年1月の中小企業GLの改正において、実務専門家の活用の重要性に記載が挿入された。

（中小企業 GL 第二部１項(3)④）。金融機関だけではその対応が難しければ、実務専門家の紹介することも考えられよう。

２　弁護士の方々へのお願い

　中小企業者から経営の悪化の相談を受けた弁護士の方々には、安易に破産手続を進めるのではなく、準則型私的整理手続である事業再生手続を活用することをご検討いただきたい。事業再生手続を利用することは、破産手続の申立てをすることと比べて、手数がかかるし、私的整理特有のノウハウが必要とされるため、破産手続の申立てを安易に行う傾向があることは否定できない。しかし、中小企業者の利益を考えれば、準則型私的整理手続としての事業再生手続の活用を積極的に検討すべきである[10]。弁護士としては、依頼者の利益に適したアドバイスができるように、準則型私的整理手続の内容や実務的なノウハウなどを研修して身に付けることは重要であり、それは専門家たる弁護士としての責務であるとも言える。また、実際に経験しないと、実務の勘所が身につきにくい面もあるので、経験豊富な弁護士から案件の協力を求められた際には、そのような機会を積極的に利用して頂き、自らの経験としてノウハウを身に付けて欲しい。それが自らの弁護士としての活躍の幅を広げることに繋がるからである。

　ところで、準則型私的整理手続では、法的倒産手続と比較すると、対象債権者である金融機関への情報開示やコミュニケーションをより積極的に行う必要がある。すべての対象債権者たる金融機関との同意が必要であるという私的整理の本質から当然のことである。法的倒産手続しか経験のない弁護士が、私的整理を行う場合、どうしても、対象債権者たる金融機関への情報開示やコミュニケーションが不足する傾向があるとの指摘があるため、そのようにならないようにご留意

---

10)　「廃業時における『経営者保証に関するガイドライン』の基本的な基本的考え方」（2022年３月、2023年11月改定）において、中小企業が廃業する場合、経営者保証人につき破産に至る確率が高いことを問題視して、実務専門家（弁護士）が経営者保証 GL を検討すべきであることを強調している。中小企業自体についても安易に破産に至ることが望ましくないことは、経営者保証人の場合と同様であり、実務専門家（弁護士）としては中小企業の債務整理についても準則型私的整理手続を積極的に検討すべある。

いただきたい。

3　金融機関関係者へのお願い（債権回収と事業再生等への協力）

　金融機関は中小企業に対して融資を行い、貸付債権を有している。したがって、金融機関は債権者であり、債務者である中小企業と利害が対立する関係にたち、金融機関としてはこの債権保全や回収に努めるべきことになる。この立場を強調すれば、融資対象の中小企業が有事またはそれに至るおそれが生じた場合には、金融機関としては、債権保全や回収の方法を検討し、それを実施すべきことになる。しかし、金融機関が我先に個別的債権保全・回収行為に走れば、中小企業の破綻を招き、中小企業者の事業再生等は不可能となってしまう。その結果は、事業再生を図れない中小企業者にとって不利益であることはもとよりであるが、金融債権者にとっても事業再生をした場合と比べて債権回収が減少して不利益であり、従業員の雇用の喪失・取引先の混乱など社会的にも不利益となり地域経済にとってもマイナスとなる（すべての面で良いことはないのである。）。前述したとおり、このような認識は社会的に共通のものとなっている。

　こうした社会的な共通認識を踏まえ、金融機関としては、中小企業者が事業再生等に真摯に取り組む場合には、我先に個別的債権の保全・回収に走り、中小企業者の事業再生等の芽を摘むのではなく、事業再生等の実現に協力をすべきであり、このことは、社会的なコンセンサスとしての要請事項となっている。活性協の存在や中小企業GL、経営者保証GLが政府の施策の一種として策定されていることや金融庁の監督指針は、このような社会的なコンセンサスが極めて重要なものと位置づけられていることを示している。

　金融機関としての業務遂行上の義務として、債権の保全回収をすべきであり、これを怠った場合には、金融機関としての善管注意義務に違反するという意見がある。これは一般論としては正しいとしても、上記のように、中小企業者が真摯に事業再生等に取り組む場合には、これに協力すべきであるという社会的なコンセンサスがあることや、金融機関の業務の公共性（銀行法1条・4条、信用金庫法1条・4条）を踏まえれば、我先に個別的債権保全回収行為に着手することによ

り、事業再生の芽を摘むことの方が、金融機関としての業務遂行上の義務に違反する方向になりかねないことに留意すべきである。

事例報告と税務に対してのコメント

公認会計士・税理士　須賀　一也

I　「待ったなしの中小企業事業再生」

　2024年度シンポジウムの表題は「待ったなしの中小企業事業再生を考える」である。

　内容はまさにその名の通り、中小企業事業再生等ガイドラインを始めとする各種の再生手続の現場の困難な再生事案に熱意と工夫をもって取り組んでおられる再生支援専門家の皆様のご報告とコロナ禍当時に経済循環が止まらないように中小企業の資金繰りを支え、そして今コロナ後の対応の真っ只中にある金融機関を始めとする皆様の示唆あるご発言が続き、「現場レポート」のような緊迫感に溢れていたという印象であった。

　数多くのご報告等がある中で、ここでは「第1部　中小企業の事業再生手続の概要」の「1．中小企業事業再生等ガイドライン」の事例報告を取り上げさせていただき、若干の感想等を述べた上で、本事例報告に関連して、中小企業の事業再生について税務に関する若干のコメントを述べたい。

II　中小企業事業再生等ガイドラインの3つの事案

1　3つの事案の概要

　3つの事案は、〔事案1〕が再生型、〔事案2〕が廃業型、そして〔事案3〕が

当初再生型から廃業型に切り替えた事案であるが、それぞれが困難な特徴を持っている。それぞれシンポジウム資料に赤字で事案のポイントが記載されているので参照していただきたい。なお、事案2は小林信明・中井康之編『中小企業の事業再生等に関するガイドラインのすべて』（商事法務、2023）341頁以下で紹介されている事例と思われる。

2 〔事案1〕

〔事案1〕は、債務者からの相談の時点で既に月内資金ショートが想定される状況にあったため、手続開始前の一時停止を行い、金融機関の協力を得てプレDIPファイナンスによって資金繰りを維持した。決算には不適切な会計処理が含まれていて正確な会計数値が確認できない状態にあったが、スポンサー選定手続と財務DDを進めてスポンサー提示額によるプレDIPファイナンスの返済原資確保と清算価値保障の充足を確認し、速やかに事業再生計画案合意成立を果たしたとのことである。

破綻寸前の資金状況と正確な会計数値が不明という困難な状況から6カ月程で事業再生計画案の合意成立を経てスポンサーへの事業譲渡を達成した事案である。

本件は過去の決算に不適切な会計処理が含まれていた事案である。中小企業事業再生等ガイドライン第三部3(1)では再生型私的整理手続の適用の対象となる中小企業者の要件の1つに「対象債権者に対して中小企業者の経営状況や財産状況に関する経営情報等を適時適切かつ誠実に開示していること」とある。本件の不適切な会計処理の具体的内容は不明であるが、内容・手法・規模によっては金融機関の許容範囲を超え、法的整理の選択もやむを得ない場合もある。不適切な会計処理がある場合には、債務者は、少なくともその原因、責任、具体的内容について洩れなく誠実に説明することが必要であろう。

なお、本件のようにスポンサーからの事業譲渡対価による一括弁済を行う計画の場合、スポンサーのもとでの具体的な事業再生計画の記載は必ず必要かどうかの問題がある（「中小企業の事業再生等に関するガイドライン」Q&A・Q68参照）。この点、事業再生計画案には、スポンサー支援による事業再生計画案を作成する場

合も、原則として、計画の相当性と実行可能性を示す計数計画の記載が必要であり、スポンサーから具体的な事業再生計画の提案が得られない等例外的な場合には、対象債権者の了承を得てその記載を省略することが許容されている（前掲『中小企業の事業再生等に関するガイドラインのすべて』171頁）。

3 〔事案2〕

〔事案2〕は、数年前から赤字経営となる中、コロナ禍当時のコロナ融資の返済が困難になることが見込まれたが、売掛金回収サイトが6カ月程度と長く破産した場合の取引先への影響を考えて廃業型ガイドラインを利用することとした。廃業にあたって事業の円滑な移転と売掛金回収期間中の固定費の削減を計画的に進め弁済原資の極大化を図る等して破産配当率を超える弁済率を確保した事例である。

事業を廃止する場合には回収困難な売掛金の発生や在庫廃棄等の損失発生リスクを伴うが、計画的に縮小を図ることによって事業の毀損を防止することができた事案として大変参考になる。

廃業型の計画の場合の清算配当率算定の基準日について、本件では取引先に事業縮小を告知し、売掛金回収期間中の固定費支出を削減する対策を講じて一時停止を通知した時点、すなわち開始時としており、この時期は弁済計画案の策定時期の5カ月程前に当たる。

廃業型を検討する企業では一般に事業価値が時の経過とともに毀損される傾向にあるため、弁済計画立案の直前を基準日として設定することも多いと考えられるが、本件のように事業価値の毀損が生じないように計画的に進めることができれば、（背景にはそのための工夫がある訳であるが、）本来的な手続開始時の清算配当率によって経済合理性を示すことができる場合があると言うことであろう。

4 〔事案3〕

〔事案3〕は、債務者は公共事業への依存度が高い建設業で、スポンサー候補となり得る先があったので再生型も利用可能であったものの支援拒絶の可能性が

見込まれた。このため選定期間を設定したが、同期限内に支援を得られず廃業型を検討することとなったとのことである。仕掛工事については違約金発生を回避するため他社への承継または工事完了まで必要な従業員の雇用を継続して完成させることとして固定費を抑え、財務DDによって検証したグループ会社貸付債権のサービサー評価額による回収額や資産の適正価格による譲渡額を含め、破産よりも有利な弁済を行った事例である。

　手続選択としては「再生型GL→廃業型GL」と整理しつつ廃業型の場合の資金繰り予測を行って再生型の選択が可能な期間を設定し、廃業型への切替が遅れることによる資金繰りの悪化を回避した点がポイントである。

Ⅲ　税務に関する若干のコメント

1　不適切会計と仮装経理に基づく過大申告の場合の更正に伴う法人税額の還付の特例

　「過年度において粉飾決算があった場合の税務会計上の対応」（本書「第1編第1部　中小企業の事業再生手続の概要」「5　税務会計の観点から」資料3）に基づいて説明があった。

　過去の決算に不適切な会計処理（仮装経理）が含まれており、その結果法人税納付額が過大となっている場合には、申告期限から5年以内に更正の請求をすることができる。ただし、当該仮装経理を修正した決算に係る確定申告書が提出されるまでは減額更正されない。

　過大納付税額は更正後1年目還付を除き各事業年度の法人税額から順次控除し5年後に残額を還付することとされているが、再生手続開始等の事実が生じた場合には一括還付請求できる。

　不適切な会計処理が必ずしも過大納付法人税の還付となる訳ではない。減額更正の対象となる仮装経理は、売上の過大計上、仕入の過少計上、棚卸資産の過大計上等の事実を仮装した経理である。会計上は減価償却費や引当金の過少・不計

上も不適切な会計処理に該当するものの、これらは税務上確定した決算における損金経理が必要であり減額更正の対象とならない。過大納付税額の還付額を見込む場合には減額更正の対象となる仮装経理に該当するかどうかの判定が必要になる。

2 実態BS債務超過と金融支援について

スポンサー型の計画では、支援内容の相当性とその実行可能性が計画の根幹となるため、スポンサー支援の必要性、選定手続や支援額（譲渡対価）の相当性の検証が必要となる。

この場合、支援額がスポンサーに承継される実態純資産額を下回る場合には、金融支援額が実態債務超過額を超えることとなり、寄付金課税リスクがあるのではないかという問題がある。

この点、スポンサーによる支援を前提とした金融機関の債権放棄が行われる場合における法人税基本通達9−4−2（子会社等を再建する場合の無利息貸付け等、寄付金に関する取扱い）の適用に当たっては、実態貸借対照表を基準として算定された合理的な債権放棄額だけでなく、例えばディスカウントキャッシュフローをベースとした企業価値を基準として算定された合理的な債権放棄額をもって認定しても差し支えないことを明確化すべきであるという提言がある（事業再生研究機構　税務問題委員会編『事業再生に関わる令和7年度税制改正要望』42頁以下参照）。また、国税庁の法人税質疑応答事例を参照すると、①営業上の許可等の条件として一定の財産的基礎が必要とされる業種で財務体質の改善が必要な場合や②事業譲渡等に際して譲受者側から赤字の圧縮を強く求められている場合等では、実質的に債務超過でない会社に対する債権放棄（筆者注　実質債務超過を超えた債権放棄部分を含むと思料。）であっても、営業状態や債権放棄等に至った事情等からみて経済合理性を有すると認められる場合には寄付金に該当しない（国税庁　法人税　質疑応答事例『債務超過の状態にない債務者に対して債権放棄等をした場合』参照）とされている。

もっとも支援額が承継される実態純資産額や事業価値評価額を下回る場合に

は、その原因や理由を個別に検証し、当該案件の個別事情等を踏まえ、対価の相当性について検討する（前掲『中小企業の事業再生等に関するガイドラインのすべて』195頁）ことが必要である。

3　欠損金の充当順

　「各種手続における税務会計上の取扱い」（本書「第1部　中小企業の事業再生手続の概要」「5　税務会計の観点から」資料1）では、中小企業事業再生等ガイドライン（再生型手続）、中小企業活性化協議会（協議会スキーム）・（中小企業再生支援スキーム）および特定調停（日弁連スキーム）について、資産評価損の損金算入、期限切れ欠損金の損金算入と欠損金の充当順位等について比較されている。期限切れ欠損金とは青色欠損金の控除可能期間10年（2018年4月1日前に開始した事業年度の欠損金は9年）を経過しても控除できずに残った税務欠損金を言い、準則型私的整理等において債務免除益等に充当する特例がある。

　これらの手続のうち中小企業活性化協議会（中小企業再生支援スキーム）は企業再生税制に当たり、資産評価損の損金算入や債務免除益等に対して期限切れ欠損金を充当してなお不足する場合に青色欠損金を充当する（青色欠損金を残し易い）特例であるが、一方で資産評定基準に準拠した資産の評価を行うため手続負担が重い。

　中小企業事業再生等ガイドライン（再生型手続）は、全国多数の中小企業の事業再生を進めるため手続の簡便性も勘案して資産評定基準による資産評価損の税務手続には対応していない。手続選択の点では、資産評価損の処理が必要な場合には中小企業活性化協議会（中小企業再生支援スキーム）を利用することになる。

　準則型私的整理の税務特例における欠損金の充当順位は、企業再生税制が創設された2005年以前は青色欠損金を充当して不足する場合には期限切れ欠損金を充当する方法（青色欠損金が先に充当される。）であったが、企業再生税制は順位を逆にして会社更生の特例と同様に青色欠損金を残し易い方法としたものである。欠損金の充当順位は期限切れ欠損金を先に充当してできるだけ青色欠損金の確保ができれば再生には資することになる。

前記したとおり、最近は、評価損の重要度が高い等、企業再生税制を必要とする場合にはその利用が可能な手続を選択し、評価損の重要度が低い場合にはより手続負担の軽い他の準則型私的整理手続を利用するという状況にある。
　欠損金の充当順位の問題は、資産評価損のように厳格な定めを要する問題とは異なる。中小企業事業再生等ガイドライン等も第三者専門家による調査検証を前提とする準則型私的整理手続であることに変わりがないことを考慮すると、事業再生計画成立後の事業年度の税負担を抑えて事業再生の蓋然性を高める趣旨から、中小企業事業再生等ガイドライン（再生型手続）等も企業再生税制と同様に期限切れ欠損金を先行して充当する方法としてはどうかと思料する。

コロナ禍における政策企画立案者の立場から

弁護士　横田　直忠

I　はじめに

　本シンポジウムでは、中小企業活性化協議会、中小企業の事業再生等に関するガイドライン（以下、本稿では「事業再生等GL」という。）、特定調停スキーム等の中小企業の再生支援および廃業支援について、著名な実務家が集まり丁寧な議論がなされていた。特に事業再生等GLが制定され1年以上経過し、具体的な実務が進むにつれて、案件ごとの手続選択について議論が深まっていることに、私的整理の進化のスピードを感じた。

　私は、2020年1月に経済産業省中小企業庁事業環境部金融課に、弁護士としては初めて所属し、2年7カ月に亘り従事をした。その2年7カ月の中で、①新型コロナ感染症特例リスケジュール支援（改訂版含む）、②産業競争力強化法の改正（つなぎ融資債権の優先弁済に関する蓋然性の向上を図る規定（同法第56条、第58条の2）の創設）、商取引債権の優先弁済の円滑化規定（同法第59条、第65条の2）の創設）、③中小企業再生ファンドの拡充（予算措置、業種重点支援ファンド等）、④再生トレーニー制度、⑤中小企業の事業再生等に関するガイドライン、⑥廃業時における「経営者保証に関するガイドライン」の基本的考え方、⑦中小企業活性化協議会の創設、⑧再生系サービサーと活性化協議会との連携スキームの制作と大変多くの政策企画立案を行う機会に恵まれた。特に③～⑦の政策は「中小企業活性化パッケージ」（2022年3月4日公表）に盛り込まれ、大変貴重な経験をさせていただいた。

私が従事した中小企業庁事業環境部金融課は、大変優秀なプロパー職員だけでなく、金融機関、信用保証協会からの若手出向者が多く、各組織の選りすぐりが従事していた。特に緊急事態宣言がなされている最中、同僚と、日本経済を担う中小企業がどうあるべきか熱く議論した時間は、（青臭い話ではあるが）私の最大の財産であると感じている。

　本シンポジウムに関する書籍に、私のような者が寄稿する機会をいただくのは大変恐れ多くはあるが、本寄稿では、コロナ禍における中小企業の収益力改善、事業再生、再チャレンジに関する政策企画立案に従事した立場から、これまでの私の政策企画を総括する意味も込めて、思うことを述べたい。

　なお、本寄稿上の記載は全て私個人の意見であって、所属団体とは何ら関係のないことを念のため申し添える。

Ⅱ　特例リスケが目指したもの

　新型コロナ感染症特例リスケジュール支援（以下「特例リスケ」という。）は、2020年4月から2022年3月まで実施された支援策である。その内容は、主要債権者の意向を確認し、事業改善の可能性の検討を待たず、一括して元金返済猶予の要請をし、1年間の資金繰り計画の策定支援を行う、というものである[1]。

　この支援策は新型コロナの影響が急拡大した際の、緊急的な延命のための支援として行ったものであるが、この支援策により、活性化協議会の方向性だけでなく、事業再生等GL策定の基礎となったものと考えているため、私個人の政策企画を通じた考えを記載したい。

1　行政の支援の迅速さ

　特例リスケは、構想段階から制度運用開始まで3週間程の短期間で準備したものである。新型コロナによる影響を受けた事業者に対し、特別貸付や実質無利子

1）　横田直忠「担当者解説　新型コロナウイルス感染症特例リスケジュールの概要」金融法務事情2143号（2020年）34-39頁。

無担保融資をはじめ様々支援策が講じられたが、このような経済危機において、行政の支援の迅速さは大変重要なものであると感じた。中小企業活性化協議会（当時は中小企業再生支援協議会）は、47都道府県に存在する組織であり、支援策が各中小企業まで届くスピード感は司法、立法では限界があると感じた。様々な意見があることは承知しているが、中小企業者のニーズに沿った支援策を迅速に講じたことにより、協議会設立以来最多の相談が寄せられる結果となった[2]。

このように、協議会は、中小企業庁の政策の実行部隊として、必要なタイミングで必要な支援策を迅速に講じることができる点に魅力があると感じた。

2　協議会の中小企業支援における影響の大きさ

特例リスケは上述した通り、非常に短期間で制度設計を行うに至ったため、協議会への制度の説明は後手に回り、多くの協議会の統括責任者からご意見をいただいた。私は、ご意見をいただいたすべての統括責任者に電話し、この制度で実現したい内容を話し、理解を求めた。統括責任者からいただいたご意見を要項や内規に反映させ、何とか特例リスケをスタートさせた。

特例リスケという政策それ自体が、様々ご意見があることは承知しているが、新型コロナという異常事態の中で非常に多くの資金繰りに悩む中小企業が駆け込み、支援を受けたことで、一定程度の倒産の抑制に寄与したものと考えている。特例リスケという政策を通じて、改めて協議会の中小企業支援におえる影響の大きさを感じた。

前述した通り、私は政策立案にあたり、ご意見をいただいた統括責任者すべてに電話をし、議論をした。その中で何名もの統括責任者から、協議会の仕事はしがらみなく純粋に地域のために仕事をすることができるためやりがいがあるとのお話を伺い、大変感銘を受けた。協議会には、地域経済を本気で考える、熱量のある方が多くいらっしゃることを分かった。このような議論の上で、打ち出した政策は、熱量のある統括責任者によって、各金融機関に丁寧にその制度を説明い

2）　横田直忠・髙橋佳裕「『特例リスケ支援』の総括とこれからの中小企業支援」事業再生と債権管理173号110頁。

ただき、実際にワークする政策となった。特例リスケがこれだけ多くの中小企業に浸透したのは、上記の統括責任者の尽力に尽きると考えている。

Ⅲ 「中小企業の事業再生等に関するガイドライン」の制定

再生支援協議会から活性化協議会への改組と事業再生等 GL が公表されたのは、2022 年 3 月 4 日公表の「中小企業活性化パッケージ[3]」（経済産業省、金融庁および財務省発表）である。中小企業活性化パッケージでは、新型コロナの影響に悩む中小企業は、業種や業態、新型コロナによる影響の度合いが様々であることから「収益力改善フェーズ」、「再生フェーズ」、「再チャレンジフェーズ」とすべてのフェーズに合わせて支援策が講じられた。

活性化協議会は、中小企業が自身の業況を分析しどのフェーズにいるのか把握することが困難であることに鑑み、あらゆるフェーズを支援する公的機関として改組された。

また、事業再生等 GL は中小企業の事業再生を公的機関のみでは支援困難であることから、民間を主体とする私的整理の準則を定めることで、官民が総力を挙げて中小企業再生支援を実施する体制を構築するため策定された[4]。

事業再生等 GL は上記の経緯から策定されたものであるが、政策企画立案を行った立場として、事業再生等 GL について私個人として思うことを 2 点述べたい。

1 中小企業「支援」からの転換

事業再生等 GL は、第二部において、中小企業、金融機関および実務専門家がそれぞれどのような行動をとることが「あるべき姿」なのかが明記されていることに大きな意味があると考えている。

---

[3] https://www.meti.go.jp/press/2021/03/20220304006/20220304006.html
[4] 森本卓也・横田直忠『ポストコロナの事業復活に向けた「中小企業活性化パッケージ」』金融財政事情2022年 4 月12日号［通巻：3443号］36〜39頁。

これまで中小企業の事業再生、廃業支援においては、本シンポジウムでも説明のあった、中小企業再生支援協議会の協議会スキームおよび日本弁護士連合会の特定調停スキームのみであり、日本商工会議所や全国銀行協会が主体となって作成された準則は存在しなかった。そのため、事業再生等 GL は、中小企業および金融機関のコンセンサスとして非常に重要な意味を持つ。

　中小企業の事業経営にあたっては、中小企業と金融機関の良好な信頼関係が何よりも重要である。このため、事業再生等 GL では、第二部第１項、第２項、第４項において、「平時」、「有事」、「事業再生計画成立後のフォローアップ」の各段階における中小企業、金融機関及び実務専門家の対話のあり方が定められている。このように中小企業、金融機関および実務専門家が、相互に行うべきことが定められたガイドラインは他に例がないのではないか。

　中小企業「支援」と聞くと、中小企業が弱者というイメージがあり、金融機関や実務専門家が一方的な助言を行うイメージがある。私自身そのような発想を潜在的に持ってしまっていたところがあった。

　しかし、私が中小企業庁に出向していたとき、実際に中小企業に訪問し多くの経営者にお話を伺った。出会った経営者は、自身の事業にワクワクし、誇りをもち、10年後、20年後の地域を考え事業を行っていた。そのような中小企業が本当にいるのだと大変感銘を受けた。このような中小企業が地域に少しでも増えていけば、日本経済はよりよく活性化していくだろうと思った。

　このような経営者からの学びを通じ、中小企業は弱者でもなんでもなく、私が勝手にイメージしていた一方向的な「支援」像は誤りであることを感じた。双方向性のある対話[5]こそが、中小企業の活性化につながるものであると感じた。

　そのような意味で事業再生等 GL は中小企業自身の在り方が記載されている点で、中小企業「支援」からの脱却のきっかけになるのではないかと期待している。

5）　対話の重要性については、経営力再構築伴走支援ガイドライン（https://www.chusho.meti.go.jp/koukai/kenkyukai/keiei_bansou/guideline.pdf）でも述べられている。

2 「中長期的な地域経済」に焦点を当てた中小企業支援

　事業再生等 GL には、中小企業の円滑な廃業の仕組みとして、廃業型私的整理手続が定められた。中小企業活性化パッケージでは「再チャレンジフェーズ」と記載され廃業に関する支援策が打ち出されている。これは、リーマンショック後に打ち出された、「中小企業金融円滑化法の最終延長を踏まえた中小企業の経営支援のための政策パッケージ」（2012年4月20日）にはなかったものである。

　このように、これまでにない廃業型私的整理手続が制定されたのは、足元の新型コロナによる影響を受けた中小企業の支援だけでなく、「中長期的な地域経済」がどうあるべきか、について議論がなされ、関係当事者のコンセンサスを得ることができたからではないかと考えている。

　中小企業の中には、度重なる経済危機により事業そのものの棄損が大きく、解決策が見いだせない中小企業もいる。そのような出口が見えない中小企業の中には、将来的に破産手続を選択することにより取引先に迷惑がかかることを恐れ、問題を先送りにしている経営者も相当数いると推察される。

　地域経済への影響を最小限に抑えることができる円滑な廃業の仕組みを作り、周知を行うことで、資金繰りに悩み出口のない不安を抱える経営者が早期に事業再生および廃業を決断することができ、事業再生の実効性が高まり、また、ソフトランディングすることで当該地域での再スタートを図りやすくすることができる[6]。これは中小企業だけでなく地域金融機関にとってもメリットのあるものである。

　このような点は、地域経済において、あるべき新陳代謝を活性化させることができる点で、人口減少が進む日本経済における、中長期的に必要な経済政策であったのではないかと考える。

　実際にも、事業再生等 GL には、再生型私的整理手続における再生計画の内容として、「必要に応じて、地域経済の発展や地方創生への貢献、取引先の連鎖倒

---

[6] 「廃業時における経営者保証に関する基本的考え方」においても同様の記載がある（「はじめに」参照）。

産回避等による地域経済への影響も鑑みた内容とする」(事業再生等 GL 第三部 4．⑷チ)との記載や、廃業型私的整理手続における弁済計画の内容として、「必要に応じて、破産手続によるよりも、当該中小企業者の取引先の連鎖倒産を回避することができる等、地域経済に与える影響も鑑みた内容とする。」(事業再生等 GL 第三部 5．⑶①ニ)との記載がある[7]。これは、事業再生等 GL が「中長期的な地域経済」に焦点を当てて議論がなされた証拠ではないだろうか。

Ⅳ　事業再生等GLを踏まえた活性化協議会の役割の拡大

　従来から協議会は「中小企業の駆け込み寺」というスローガンのもと、1社でも多くの中小企業を支援していくというスタンスで運営されていた。しかし、前述した特例リスケ支援により、実際により敷居の下がった支援メニューができたことで、より幅広い相談が寄せられ、「中小企業の駆け込み寺」として認識されるようになった。これに加え、急増する中小企業からの相談に対応するため、予算措置がなされ、よりバリエーションのある専門家が協議会に関与するようになった。

　今般、活性化協議会は、「地域における収益力改善・事業再生・再チャレンジの最大化」をコンセプトに設置されている。これにより、地域においてあらゆるフェーズの中小企業への支援が可能になっている。また、早期経営改善計画策定支援および経営改善計画策定支援を実施することで、民間プレーヤーを活用した支援を促進することが可能になり、官民の総力の結集を図ることができる組織体制になっている。

　活性化協議会は、①公的機関として、②金融機関調整機能を持っている、③中小企業、金融機関双方に偏るものではない中立公正な第三者的立場をもつ唯一無二の存在である。中小企業支援においては、収益力改善フェーズ(経営改善フェーズ)、事業再生フェーズ、再チャレンジフェーズ、各フェーズにおいて、

---

7) 活性化協議会においても事業再生等 GL に合わせ、活性化協議会実施基本要領に同様の規定を反映させている。

対応している支援者はバラバラであり、各専門家同士の連携が取れていないと感じる。そのような専門家が一堂に関与する活性化協議会は、今後事業再生支援を行う公的機関としてのみではなく、金融機関調整を通じた中小企業支援の「対話の場」としての役割が拡大していくのではないかと考えている[8]。

たとえば、再生トレーニー制度（活性化パッケージ）や協議会の弁護士数の倍増（挑戦する中小企業応援パッケージ）、再生系サービサーを活用した支援スキームの創設（活性化パッケージNEXT）は、協議会という対話の場に、これまで協議会の活用が少なかった金融機関や弁護士、サービサーを巻き込んでいく取り組みであると言える。また、中小企業支援の対話の場においてノウハウを得た専門家が、民間の事業再生GLでも活躍できるように、事業再生等GLには、第三者支援専門家の要件として、協議会OB要件や協議会でのAD弁護士の経験要件が定められており、さらに協議会でノウハウ習得をさらに促すために、協議会補佐人制度が創設されている（再生支援の総合的対策）。平時から地域における中小企業、中小企業支援者が集まる場所を設けているからこそ、危機時に中小企業庁の政策の実行部隊として、必要なタイミングで必要な支援策を迅速に実行できる体制が一層整備されるのではないかと考えている。

このように、活性化協議会は、これまでの事業再生支援の実施だけでなく、中小企業支援の「対話の場」としての役割がより重要視されていくと想像している。

V　終わりに

中小企業再生支援協議会が創設されてから、私的整理の分野は20年間で劇的に進化してきている。これだけスピード感のある進化を続けているのは、私的整理ならではの「全員同意」を前提とする粘り強い対話を、多くの熱量のある金融機関行員専門家が昼夜問わず議論し、積み重ねてきたからであると思う。

中小企業の事業再生、廃業支援の政策企画立案の経験を通じ感じたのは、私的

8）横田直忠「動き出した『中小企業活性化協議会』」事業再生と債権管理177号（2022年）6〜15頁。

整理の分野では、斬新な発想や大改革をおこすようなことはできず、諸先輩方が培ってきた歴史の積み重ねを学び、理解し、さらに積み重ねていくことが重要であるということである。

　その意味で、私的整理の世界は、対話を絶やしてはいけないように思う。中小企業活性化協議会が中小企業支援の「対話の場」として、これからも日本経済になくてはならない存在になることを願っている。

中小企業活性化協議会手続の現場からの報告

前東京都中小企業活性化協議会　統括責任者　小林　信久

Ⅰ　はじめに

　今回のシンポジウムでは、中小企業活性化協議会（以下、本稿では「協議会」といいます。）が主宰する準則型私的整理手続（以下、本稿では「協議会手続」といいます。）と他の手続、特に中小企業の事業再生等に関するガイドライン（以下、本稿では「ガイドライン」といいます。）との比較、手続選択に関わる発言に多く触れることが出来ました。私からは、手続の主宰者としての経験の中から得た協議会手続の実態面の特徴について述べたいと思います。

　さらにこの機会に、東京都中小企業活性化協議会（以下、本稿では「東京協議会」といいます。）の統括責任者として６年間執務した中で得たもの、今後の協議会手続に関与される方々へ贈る言葉のようなものを記したいと思います。今回の他の執筆者の方々の論稿とは多少毛色が異なるものになりますが、ご寛恕ください。

Ⅱ　協議会手続の特徴

1　協議会常駐専門家（統括責任者、同補佐）の案件への深い関与

　協議会の統括責任者（プロジェクトマネージャー。以下「PM」といいます。）および担当の統括責任者補佐（サブマネージャー。以下「SM」といいます。）は、一次

対応（窓口相談）以降事業者および金融機関と緊密にコミュニケーションを取っていきます。特に、返済猶予願を発出することで約定弁済を停止する場合や、計画の方向性（リスケによる自力再建か、債権放棄を伴うスポンサー譲渡か等）に関して事業者の意思が固まらない場合などでは、丁寧な対話で納得を得ていくことが欠かせません。

　二次対応に入れば、専門家任せにすることなく、案件の進捗管理、専門家の作業内容の検証を綿密に行います。SM は工場等現場の実査を踏まえて事業の実態を深く理解することが求められます。また、返済猶予の発信によって金融機関対応・資金繰りが落ち着くと、事業者によっては DD、計画策定に真摯に取り組む姿勢が後退する場合があります。その際には、SM が専門家と連絡を取り合って状況を確認し、時には事業者に対して厳しく言い込んで、速やかな対応を促していきます。

2　金融調整機能の発揮

　協議会手続については、その金融調整機能が評価されています。協議会の金融調整能力の源泉は何でしょうか。案件毎に丁寧に金融機関とコミュニケーションを取って進めることは当然ですが、それに加えて以下の 3 点を挙げたいと思います。

①日常的なコミュニケーションの積み重ね、PM/SM 人材、トレーニーの派遣による交流
②手続の安定性（予測可能性）
③金融機関からの持ち込み案件への積極対応

　①については、東京協議会の場合、2 地銀、23 信金、主要信組に対し、担当 SM を決めて定期的に訪問し、勉強会、事前相談会等を随時開催しています。PM も年 1 回は各金融機関を訪問する等して、金融機関幹部との情報交換を密にしています。政府系金融機関、4 メガバンク、首都圏主要地銀とも随時情報交換

を行っています。保証協会からは長年出向者を受け入れており、認定支援機関も交えて緊密な連携を取っていることも東京協議会の特筆すべき特徴です。また、東京協議会では現在 8 名の金融機関（保証協会を含む）出身・出向者が SM として在籍するほか、地銀・信金から 4 名のトレーニーを受け入れています。彼らの多くは出向期間を終えると本部の再生担当部門の中核に戻り、協議会案件に関与しています。この「共通言語で話が出来る数十人のバンカー」の存在は東京協議会の貴重な財産です。

　②については、特に金融機関にとって重要なポイントかと思われます。この協議会であればこういう進め方をするだろうと予測出来ることが大切です。DD や計画案の品質が一定以上に保たれていることは当然です。個別の論点でいえば、担保評価、定期預金・積金・信金出資金の扱い、保全・非保全額の算定方法等、個別事情による扱いの違いがあるとはいえ、極力一定の考え方を通すべく努めています。

　③についていえば、東京協議会は、①の信頼関係を基礎に、金融機関からの持ち込み案件は極力幅広く受け入れるスタンスを取っています。事業者の手続への取り組み姿勢に問題がある、重度の粉飾が露呈し金融機関の足並みが揃っていないなど、案件遂行の難航が予想されるケースこそ主要行が協議会を頼るケースです。そういう案件を門前払いせず汗をかくことで、俗にいう「貸し借り」関係が成り立っていると思います。

3　事案に応じた適切な専門家の選定

　二次対応開始決定に伴い、財務・事業の専門家を選定し、必要に応じて代理人弁護士や FA の紹介、債権放棄案件の場合の弁護士アドバイザーの選定を行います。事案に応じた適切な専門家を選定することは、協議会にとって極めて重要な仕事です。「チーム」として円滑に機能するかどうか、各専門家のこれまでの実績に対する評価と協議会内外の情報収集を踏まえて、幅広い選択肢の中から選定しています。その意味では、いわゆる「検証型」については、「チーム」として案件の品質が確保できるか（金融機関の協議会への信頼を損ねる惧れはないか等）、

より慎重な検討が求められます。

4　手続のリードタイム

　ガイドラインを選択する理由として、協議会手続は時間がかかるとのコメントがしばしば見受けられます。実際にどのあたりで時間を要しているのか、について具体的な論及がないのでコメントが難しいところですが、協議会としても手続の迅速化に意を用いるべきは当然です。見直すべきところは見直さなくてはなりません。資金繰りが逼迫している案件については、常に資金繰りをチェックしながらスケジュール管理を行い、時にはPM/SMが率先して「無理を効かせる」ことも必要になります。一方で、協議会手続としての一定の品質確保（DD、計画、金融調整等）は不可欠です。また、メインバンクとして「結論ありき」で手続きを簡略化して進めたいという要望が寄せられることがありますが、それが真に事業者のためになるのかについては十分な検討が必要です。このあたりについては、今後も専門家の皆さんと、事実に基づいた忌憚のない意見交換をしていきたいと思います。

5　窓口相談、事前相談の重視

　東京協議会では、2023年度604件の窓口相談（一次対応）、257件の金融機関や弁護士等からの事前相談を実施しています。一次対応のうち二次対応に進むのは3分の1程度にとどまります。窓口相談の内容はきわめて幅広く、個人事業主の身の上相談のようなものも多くあります。しかし、それを厭わず数多くの相談を受ける中で200件を超す支援が完了し、毎年10〜15件の債権放棄案件に結び付くのだと考えています。さらにいえば、この多くの相談を受ける中で協議会SM・トレーニーのいわば「人間力」も鍛えられていくのではないかと感じています。

6　幅広い支援メニュー

　協議会の支援メニューは、事業者の状況に対応して、収益力改善→プレ再生支援→再生支援→再チャレンジ支援と幅広く用意されています。また、想定スキー

ムが二次対応開始決定時から変更されることにも柔軟に対応しています。

　ガイドラインとの比較でいえば、プレ再生支援スキームの存在が大きいと思われます。抜本策の出口を睨みながら関係者のコンセンサスを形成し、プレ再生計画成立後のフォローアップまで行っています。

7　追記：計画合意前の会社分割・事業譲渡について

　シンポジウムでは、計画合意前の会社分割・事業譲渡によってスポンサー等に事業移転するスキームについてコメントがなされました。これについて意見（あくまで私見であり、協議会を代表するものではありません）を記したいと思います。

　協議会手続では計画案提示・合意成立前の会社分割、事業譲渡について慎重な対応をしています。将来法的整理に移行した場合の否認リスク等考慮すれば当然のことと思われます。しかし、事前譲渡の必要性、譲渡対価の妥当性、譲渡代金の使途および管理方法について十分な説明があることなど、一定の条件が整えば認められる余地があると考えます。手続的には、金融機関など対象債権者の同意および協議会のアドバイザー弁護士の了解は必要です。複数事業を各々別のスポンサーに異なる時期に譲渡する場合等、検討の余地があるのではないでしょうか。

Ⅲ　中小企業政策としての協議会手続

1　中小企業政策実現の実働部隊としての協議会

　協議会手続のもう１つの特徴は、産業競争力強化法133条１項で「経済産業大臣は、……中小企業の事業の再生を適切に支援し、その活力の再生に資するため……「支援指針」を定めるものとする。」とされているとおり、その時々の政策に対応して業務内容が変動することにあります。かつての特例リスケしかり、2022年３月発表の中小企業活性化パッケージによる組織改編しかりです。最近は、中小企業庁のみならず金融庁との連携・情報交換も密になってきました。協議会手続に関わるプレーヤーは政策目的の十分な理解が求められます。

2　協議会から行政へのフィードバック

　上記のとおり政策実現のために活動している協議会ですが、これは行政からの一方通行を意味するものではありません。政策をより実効性のあるものにするためには、現場の実情を踏まえた協議会側からの積極的な情報発信も欠かせません。

　その１つの事例として、東京信用保証協会における経営者保証ガイドラインの扱いに触れます。

　東京信用保証協会整理部は、代弁実行後の経営者保証債務の同ガイドラインに基づく処理については、いわゆるゼロ弁済の許容も含めて、現在は大変前向きに対応していただいています。東京三弁護士会倒産法部との連携も進展しています。

　しかし、2018年８月に東京協議会に初めて弁護士SMが配置され、再チャレンジ支援に取り組み始めた頃は必ずしもそうではありませんでした。回収の極大化を掲げて厳しい対応がなされていました。そこで、協議会としては粘り強く案件毎に折衝を続けると同時に、中小企業庁および関東経済産業局と情報交換を重ね、当局からも熱心に働きかけていただきました。これが、2022年４月の「廃業時における『経営者保証に関するガイドライン』の基本的考え方」（2023年11月改定）となり、さらに協会の方針転換に結実したものと理解しています。

Ⅳ　東京協議会と共に歩んだ６年間を振り返って（まとめに代えて）

　私は、2017年７月に東京協議会に着任し、翌年４月から小山田前PMの後任として６年間PMを務めてきました。

　PM就任後２年近く経ったところでコロナ禍に遭遇して特例リスケ対応に忙殺され、その後組織名称も「再生支援」から「活性化」に変わるとともに、経営改善支援部門も統合して、業務範囲も大きく拡がりました。弁護士SMの加入も含めてSMの陣容も倍増し、この２年はトレーニーも受け入れることになりました。地域金融機関、保証協会、各支援機関との連携も大きく進展しました。激動の６年間でしたが、SM全員のたゆまぬ努力と難題に立ち向かう熱意に支えら

れ、外部専門家の皆さんの熱心なご協力もいただいて、何とか責務を全うすることができました。認定支援機関である東京商工会議所の理解と支援も重要なファクターであったと認識しています。

振り返ると、あの案件、この案件と一つひとつ思い出深いものがあります。SM、専門家の皆さんと、あれこれ知恵を絞りながら対処してきました。うまくいったものも、躓いたものもありました。案件に取り組む基本は、事業者、金融機関をはじめとする関係者との真摯な対話、粘り強いコミュニケーションしかないことを改めて心に刻んでいます。

私は協議会に入るまではこの仕事にさほど深く関与していたわけではありませんでした。したがって、PMの任に就くにあたってさほど明確なビジョン、運営方針を持っていたわけではありません。ただ、当初から考えていたのは、

- 協議会の扱う仕事の幅を広げること。特に難しい、先の見えない案件にこそ積極的にチャレンジすること
- 協議会の存在、経済的・社会的意義を世の中に広く知ってもらうこと
- SM・トレーニーの皆さんにこの仕事の面白さ、やりがいを感じてもらうこと。そして、協議会でいい経験を積んでもらい、キャリア形成に役立ったという実感を持ってもらうこと

でした。

協議会手続のような準則型私的整理手続は、裁判所が関与する法的整理手続と異なり、恒久的に存続するものではありません。前述のとおり産業競争力強化法に掲げる政策目的から設置されているものであり、政策的に不要とされれば予算措置が無くなり、廃止されることもあり得ます。実際にかつて「協議会不要論」が唱えられたこともありました。その意味でも、協議会は、量と質の両面で実績の積み上げにこだわること、行政、各支援機関をはじめとする関係各方面に応援団を形成することを常に意識しておくことが必要です。

私は、ガイドラインの運用開始によって準則型私的整理手続の中で「制度間競争」が始まったことの意味合いは重いものがあると考えています。これから協議会手続が引き続き必要とされるためには、この手続の担い手であるPM、SM、

トレーニー、認定支援機関が一丸となり、外部専門家も巻き込んで「チーム」として日夜汗を流すこと、「協議会の支援があって助かった！」という声を獲得していくことに尽きると考えています。

地域金融の覚悟と矜持

とうほう地域総合研究所理事長　矢吹　光一

I　はじめに

　私どもが主たる営業エリアとする福島県の事業者を取り巻く経営環境は、東日本大震災、福島第一原子力発電所事故等による甚大な影響に加え、コロナ禍、エネルギー原材料価格の高騰、人材不足等により非常に厳しい状況が継続している。

　今、我々地域金融がなすべきことは、現場に伺い、本音で経営者と対話し、「傾聴」し、「共感」し、「承認」し、そして「共創」することにある。「現地」、「現物」、「現実」という三現主義を徹底し、ともに寄り添って伴走し、課題解決に向き合うことが求められている。

　地域にしっかりと根を下ろして、活動を続けている地域金融は、金融関連情報だけではなく、その地域における多様な人材、商材、情報、幅広い人脈、ネットワークといった無形資産、非財務資産を数多く知っている。つまり、地域における「ノウハウ（know how）」のみではなく「ノウフー（know who）」がある。

　地域金融として自らが対応できないことでも、こうした資産を利活用することで、必要とされる支援を提供することができる。地域金融は、これまでも長期的なリレーションに基づいて、企業のレジリエンス（回復力・強靭さ）構築を支援してきた。

　しかし、パンデミックの影響や人口減少という社会構造の大きな変化が、社会やビジネスを大きく変容、変革せざるを得ない状況を創り出している中にあって、地域金融は、より一層伴走力、支援力、ネットワーク力を強化していく必要

がある。

　地域社会全体が疲弊している中、「出来るか、出来ないか」ではなく、地域のために「やるか、やらないか」、一人称で語れる地域人材の育成が急務である。地域金融が真の地域貢献企業になるためには、組織的、継続的に人材育成に取り組なければならない。現在さまざまに困難な状況ではあるが、不撓不屈の精神で格闘する事業者の方々を、自分事として、できる限り支援していくことが「地域金融の覚悟と矜持」であると確信する。

　私は、2002年から地域金融機関において、経営支援、事業再生支援等に携わり、約50社の私的整理案件にも関与してきた経緯から、今回これまでの取組みを振り返り、その拙い経験が少しでも地域金融機関で事業再生を担当している方々の参考、一助になれば幸いである。

Ⅱ　事業再生支援

1　事業再生を志すに至った背景

　私は、1990年代後半不良債権の管理、回収業務に従事してきた。同時期、企業は、過大投資、収支の急激な悪化などから、財務面の大きな変化、借入金急増に至り、結果不良債権化し、その処理としての管理、回収業務を担ってきたものである。

　他方、法的整理、不動産競売等の回収方策にずっと疑問を持っていた。その企業には多くの従業員がおり、その家族も含めた生計が営まれている。周りを巻き込むことを最小限に抑えるために、従業員とその家族の幸せのために、なんとかして事業を継続させながら、金融機関としての回収機会も最大化出来ないかと模索していた。

　そのような時代背景の中、その後私自身が「人生の師」と仰ぐこととなる奥野善彦弁護士の書かれた『会社再建　史上最大の巨大倒産管財人の記録』（小学館、2000）を拝読し、銀行員としてこのような形で企業の再建、事業再生に関与

したいと強く心に刻むこととなった。また、2003年3月にやはり敬愛する江上剛さんが、『起死回生』（新潮社）を刊行され、この2冊の本との出逢いが、私を地域の事業再生の途に導いたといっても過言ではない。その後、お二人をはじめとして、様々な方々との出逢い、邂逅が私自身を成長させてくださった。

　地域の事業再生とは、単体の企業再生に留まらず、まさにそこにかかわる全ての方々の生活、営みに直結する場合が多く、地域金融の役職員が人生を賭けて取組むに相応しい仕事の1つであると確信する。

　我々地域金融は、地域に生かされて、その地域の再成長、地域創生のために存在しており、我々の「レゾンデートル」として、地域における真の事業再生を果たしていかなければならない。守るべきは、「地域と事業」そのものである。

2　事業再生案件への取組み

　この項では、これまでいろいろな方々に質問されたことを踏まえ、私自身が、どのような考えで事業再生に取り組んできたのか、また、その実体験から得られたこと、気付き等について、「Q&A方式」にてまとめてみたい。

(1) 当事者意識の持ち方、どんなスタンスでかかわるのか

　メイン行として事業と雇用を守るという強い決意が必須と考えてきた。当事者の1人として自分事としないと、他人事、第三者的発想では、私的整理をやり切ることは到底困難である。地域金融が地域の中で責任を持って事業再生を実行するためには、相応の覚悟、決断が必要となる。

(2) 事業再生において、辛い局面はどういう時か

　相当程度説明を尽くしても、経営者、関係者の理解が得られないときは辛い局面である。また、見たくない厳しい現実を一緒に見て、突きつけなければならないことも多々あり、苦しいことが多い仕事でもある。チームとともに決してあきらめず、逃げずに必ずやり遂げるという強い意志が大事と考えてきた。ワンチームとして行動するということとともに、弁護士、会計士、税理士等外部専門家の

方々とのコミュニケーション、信頼関係によって不安を解消し、計画を明確化することも大切である。

(3) 理論的な勉強をどう実務に生かすのか

理論も大事ではあるが、その理論を実践の中で実務的に理解することが大切であると考える。理論的な裏付けを実践と専門家との壁打ち等によって補完する必要がある。「能力＝知識×経験×人脈（ネットワーク）×情熱」と考えており、やはり人の心をつかむこと、人心掌握が何より大切である。企業において、窮境や困難は、人心の荒廃によって生ずる。理論や法律だけで人は動かない。大事なことは、三現主義（現地、現物、現実）で正確な事実を把握し、仮説を考え、そして実践することにある。人の心を動かすのは、人の真心しかなく、リーダーとしての人心掌握が必須である。実務的な学びは、とにかく集中して一気に徹底して学び、その上で経験のある人に幅広くインタビュー、ヒアリングして知識の棚を広げ、積極的な人脈（ネットワーク）づくりをすることが大切である。実務書に書かれていることは勿論ではあるが、その背景、行間を考えることも大切で、疑問点をそのままにせず、ときには著者にアクセスする位の情熱、行動力も大事である。

(4) 事業再生において切迫感のある修羅場の経験をどう積むのか

事業再生は個人でできるものではなく、チーム、組織的対応が必須であり、再生局面においては、困難な局面や修羅場は幾度も訪れるので、決して逃げずに真摯、誠実に真正面から受け止めていくことが結果としては近道である。急場、土壇場、修羅場での対応がその後の成長を決めるはずで、「やれる」「やれない」、「出来る」「出来ない」ではなく、メイン行として地域において存続させるべき事業を、何としても守るという「覚悟」、地域金融としての「矜持」がそれを支えてきた。銀行員としての立場、個人の保身などのノイズが大きいとできない仕事かもしれない（インフラとしての、バス、ガス、病院等の再生案件は、多くの人々の生活に直結しており緊張感が半端ではなかった。）。

(5) 再生案件の見極め

その事業を存続させる必要性、将来の事業価値、経営者の覚悟、狭義ではなく、広義の経済合理性等がポイントであると考える。企業のヒストリー、10年間の実態 BS、PL、各イベント（重要な経営判断、大型投資等）、経営陣の推移等の時系列比較、相関関係を明確にして、大きな観点から俯瞰し、鳥の目、虫の目で「真の窮境要因」を的確に把握することが再生の第一歩と考えている。

(6) 対立構造の解消をどうするか（企業VS金融機関、経営者VS従業員など）

企業、金融機関、経営者、従業員とも本質的には再生することに合理性があるので、本来対立は生じないはずであるが、現状認識の違い、感情的な問題等から論点がぼやける場合が多い。リアルな事業現場における正確かつ精緻な現状認識、アドレスの確認と改善の方向性を共有することが対立解消の上で何よりも大切と考えてきた。

(7) 事業再生を行う中で、優先順位のつけ方

しっかりとした状況判断の中で、事業再生の観点から優先順位を決めていくことが肝要である。状況変化の中で時々刻々と優先順位は変わっていくため、事前にすべてをスケジュール化することは困難で、臨機応変に対応していかなければならない。時として大胆な転換も必要である。

(8) 経営責任を取らなくてはならない場合、どこに気を付けるか

事業再生においての、一番のポイントは、経営者の腹落ち、納得感の醸成である。そのためには、どのような状況下においても、経営者のプライドを守ることが大切で、部下の前で決して恥をかかせてはならない。腹落ちフェーズの最後は経営者と二人きりでサシで話をすることも有用である。「傾聴→共感→承認→共創」をベースとして、冷静かつ丁寧に応対することが大切である。窮境会社であっても、これまで経営をしてきた方であるので、尊敬の念を忘れないことも大事であり、言葉遣いは特に気を付けている。また、限られた中ではあるが、でき

るだけ複数の選択肢を用意し、最終的には経営者に決断させることが、その後の展開で翻意し、徒に時間を費消させないためにも大切である。また、結論を断定するのではなく、一定のアロウアンスが必要な場合も多い。

(9) 意固地になってこじらせた経験はあるか
　若いころ、時間的制約もあり、焦って結論を急ぎすぎ、こじらせたことがある。事業再生においては、徒に時間をかけず、冷静、迅速、果敢な決断が大切であるが、時として回り道も必要である。チームとしては、「北風（現実）」と「太陽（未来・希望）」いずれの立場の人間もそろえることが大事と考えている。

(10) 関係者の巻き込み方・合意形成をどう図っていくのか
　真正面から向き合う覚悟が大事で、正直に、誠実に、愚直に取り組むことが一番の近道である。守るべきものを守るために、メイン行として精一杯尽力する、絶対やり切る、チームで乗り切るという強い意志を持たなくてはならない。是々非々のスタンスで、経営トップ、経営陣等とのコンセンサス、方向性の共有を図る必要がある。何度でも、逃げずに諦めずに交渉、説得することも大きなポイントである。まずは相手の考え、言い分を傾聴し、その上で相手が納得できる説明を心がけている。

(11) 不安との向かい方
　事業再生において、常に不安はあり、最悪の事態を想定して、できる限りの努力をする。精一杯の準備と対応をすれば、あとは運を天に任せるしかないと考えることもある。苦労して取引先やマスコミ向けの、大量の想定問答を作っても使われないことが多いが、それだけの努力があるからこそ成功に終わったと考えている。ひたむきで誠実な努力があるからこそ、多くの関係者と信頼関係を築き、巻き込み、そこに道ができるのではないだろうか。

⑿　再生の道筋のつけ方、どういうストーリーを描くのか

　これまでの経験からは、全ての問題、課題、解決策等は事業会社の中にある。それを徹底した現場主義、従業員インタビュー等により探り出し、解決ストーリーをチーム全体で企画立案することが大事となる。地域金融単体で解決できることは限定的であり、弁護士・会計士・税理士・コンサルなどの外部専門家を含めたチームとしての総力戦で考え、課題解決にあたることが重要と考えている。再生チームのリーダーが人間力に溢れ、魅力ある人物であることも大きなポイントで、そういう人を見つけ出し、リーダーに据えて行動変容、変革を促すことが大切である。

⒀　再生案件に必要なコアコンピタンスは何か

　「地域愛」、「事業愛」、「人間愛」は必須で、狭義の経済合理性のみでなく、地域全体での広義の経済合理性を考える必要がある。それを支えるのは関係者の人としての情理であり、義理、人情、浪花節（GNN）も時として必要である。事業再生案件は、一旦着手すると後戻りは困難であり、ハードランディングも含めて必ず出口を作らなければならない。躊躇することが致命的ダメージを与えることも多く、常に最悪の状態を想定した行動が求められる。事業再生は、地域金融の役職員が、「志」、「覚悟」、「矜持」を再認識する１つの大きな仕事である。

3　地域における事業再生の課題

(1)　正確な現状認識と抜本的事業再生計画立案

　正確な現状把握、フルDDの実施および抜本的事業再生スキーム、ストラクチャー策定には多くの時間と多額の費用負担を要し、相当程度のマンパワー投入が必要となっており、地域金融が適切なリソース（人材）および一定の時間とコストを確保することが大切である。

(2)　地域金融の人財育成

　事業再生ノウハウの構築、維持、継承には、恒常的な人財育成が必要不可欠で

ある。あらゆる機会をとらえた教育体制の充実と多くの案件実務を経験させるとともに、小さな成功体験を積んでいくことが大事である。

(3) 事業再生専門家の偏在

地域における「中小企業の事業再生等に関するガイドライン」活用においては、第三者支援専門家の偏在に加えて、私的整理に精通する代理人弁護士等の養成も急務となっていると考えられる。弁護士・会計士・税理士等の事業再生に係る専門家はほぼ東京、大阪圏に存在しており、地方の専門家人材の育成・確保が必要と考えている。

(4) 再生企業のスポンサー探索

地方においては、オーナー企業も多く、再生企業におけるガバナンス刷新も含めた事業スポンサーの確保が大きな課題となっている。特に地方においては、スポンサー探索は極めて難しい問題との認識があり、再生ファンドを含めた支援スキームのより一層の充実が求められている。

(5) ハンズオン人材の確保

中小企業が真に事業再生を果たすためには、経営人材(ハンズオン人材)の確保が必須と判断される。経営人材を外部から招聘するネットワーク機能を如何に構築するかも重要なポイントであると考える。

(6) 事業再生支援事例の典型化、標準化

事業再生の経験が浅い担当者等の場合、前例を踏まえた対応は必要であり、再生支援事例を典型化し、併せてモデルケースを紹介する等の対応が有効と判断する。成功事例の共有とともに、失敗事例も大きな参考となる場合が多いので、全国的な「事例共有プラットフォーム」の構築も有用と判断される。

(7) 廃業支援

これまでの取引経緯および地域に与える影響等を考えると取引金融機関が単独で廃業等の提案を行なうことは躊躇される面も認められる。公的機関が、一定程度関与することで、公平性・透明性の高い配当計画立案・債権者調整機能を発揮することは十分可能と考えられる。また、「中小企業の事業再生等に関するガイドライン」の「廃業型」の活用も有効ではないかと判断する。

Ⅲ 事業再生事例

1 旅館の再生事例

地域の基幹旅館三館の一体再生、いわゆる面的再生に取り組んだことがあるが、三館それぞれに事業価値毀損が進んでおり、スポンサー招聘も困難で、我々地域金融と、再生ファンド等による一時的なスポンサースキームで抜本再生策を構築した。

事業価値が極めて低位であったことから、新規資金投入も限られており、商事取引先である一般債権者約300社も会社分割により、新会社に継承し、既存債権について最大5年間の分割弁済を承認頂いた。全国的に見ても珍しい計画であったが、結果的に当社を支えることが自社の利益になるとともに、地域の面的再生を図れるとの思い、共感に繋がり、早期に事業基盤が構築された。

東日本大震災・福島第一原子力発電所事故時においては、無料で多くの被災者を受入れ、延べ13000人を超える宿泊者、30000人を超える無料の日帰り温泉利用者が、この温泉旅館で身も心も癒すことができた。結果、地域にとって不可欠の旅館となり、その地位を確立している。

2 地域の病院再生の事例

ある病院再生時に、財務、事業DDを実施し、その結果説明をした際、病院再生メンバーに納得いかないような雰囲気が漂った。その後、一番年下の私がリー

ダーに呼ばれ、「あなた達は、救急で運ばれた患者さんにお金を持っているかと聞けと言っているのか」と強い口調で言われた。私は、我々のチームが、医療従事者の心情に十分に配慮した説明ができなかったことを謝罪するとともに、安定的な医療を提供するためには、一定の収益確保も大事であることを説明した。再生部門のリーダーから、「私達は高邁な医療倫理の下に、全ての患者さんの命を守りたいと考えている。財務的な面の説明はこれまで一切されてこなかった。ただ、あなたの真剣な説明を聞いて、医療を守りたいとの真摯な気持ちは伝わったので、これから一緒に病院再生を手伝って欲しい」との発言を頂いた。最終的に、このリーダーが核となり、病院の再生が果たされていくこととなる。やはり、事業再生の根幹は「人の心」なのであると痛感した。

　また、別の病院の経営者説得の折、腹落ちがなかなか進展しない中、我々の幾度もの再生スキーム説明の後、ある日突然、外科医である経営者の院長が、「自分が初めてメスを握った日と、高齢化によりメスを置いた日」の話しをされた。それは、自分自身の心を納得させ、そして主要関係者および周囲の人々への事業再生にかかる決意表明でもあった。本音、本心をいかに聞き出すかが、事業再生においてはとても大切なことである。

3　地域の流通業の事例

　地域においてなくてはならない流通業の事業再生をお手伝いした折に、部下から、資金繰りが極めて逼迫する中、流動化、換価可能な資産もなく、時間的制約から、事業継続のためには、自己破産申立て後、裁判所から事業継続許可を取った上で、スポンサーへの事業譲渡しかないとの報告があった。早急に代表者との面談を要請したものの、病院に入院中であるとの説明で、一刻を争う事態でもあったことから、ご家族の了解を得て、病室に伺った。その際、代表者から、「自分はどうなっても良いので、事業と従業員だけは守って欲しい。破産ではなく、民事再生手続を進めたい。」と懇願された。極めて可能性は低かったものの、すぐに再生弁護士と会計士に連絡し、事業、財務、法務DDの実施と再生計画を立案、なんとか民事再生手続開始申立てにこぎつけた。プレパッケージでの

スポンサー招聘は困難であったことから、申立て直後の資金繰りを同業者の帳合によるキャッシュオンデリバリーでなんとか乗り切り、最終的にスポンサーを得て、無事事業再生を果たした。

また、実質支払停止状態で、保証人である代表者の個人預金が拘束されており、入院費用捻出が困難であったことから、表明保証を頂いた上で、債権者の同意を得て、個人預金の解放も併せて実施した。経営者保証ガイドラインが制定される前の事案ではあるが、その本質は何か、また地域金融としての対応を深く考えさせられた。経営者の苦悩と事業および従業員への想い、再生への執念が強く心に刻まれた案件である。家族の方々からも涙ながらに感謝されたことを、決して忘れることはない。

Ⅳ 地域金融が事業再生において果たすべき役割

地域金融は、真に事業者が求めていることを、地域金融のプロダクトアウトではなく、まさにお客さんと共に考えるマーケットインの発想で、経営に大胆な変革を起こしていくべきである。パンデミックや戦争等は、企業単体で対応できる問題ではなく、大きな視座からの鳥の目と細心の注意を払った虫の目で、事業戦略、経営変革を考えることも大切である。

あくまでも主役は地域そして事業者であり、地域金融の利益、手数料ありきでの支援は、取引先に刺さらない。

地域金融に直接の個別事業経営ノウハウはないかもしれないが、ノウフーはある。地域金融は、触媒やハブ、ネットワークの起点として機能できる。人と人、事業と事業、アイディアや技術を結びつける能力は高く、地域最大のコーディネーターの1つである。そのために徹底して専門人財を育てていかなければならない。ポイントは、専門化、高度化とネットワーク、アライアンスの強化である。

地域金融は、これまでの取引経緯、企業の位置づけ、経営者との関係、地域経済、雇用に与える影響等を総合的に勘案しつつ、多年にわたる取引をいただいた企業に対してはしっかりとした事業再生、廃業支援等を行いたいと考えている。

他方、一律の対応は困難であるため「事業再生ADR」、「中小企業活性化協議会」、「中小企業の事業再生等に関するガイドライン」、「特定調停」、「特別清算」等透明、公正なスキームを活用することも必要となってくる。事業再生、廃業支援を行なう場合、メイン行が丁寧な説明を行いできるだけ早い段階で外部専門家を紹介することも大切である。

　今、我々地域金融に求められていることは、先の見えない不透明な時代にあって、事業会社とともに自分たちにしかできない「変革」を起こすことである。「変革」は、「行動変容」であり、「行動変容」のためには「決断」することが必要である。主語を他人事から自分事とし、変革の起点、転換点を自分自身として、愚直なまでに誠実に、ワンチームとなって行動していかなければならない。

　「他人と過去は変えられない。変えるのは自分自身と未来。」事業再生にかかわって、涙ながらに感謝され、手を握られる感動も経験した。地域金融機関職員になって、たくさんの素晴らしき人々との出会いにも恵まれた。大切なことは、「行動力」と「志」である。

Ⅴ　とうほう地域総合研究所専門家プラットフォーム

　地域において、経営者と真に壁打ちの出来る組織「地域活性化プラットフォーム」を構築しなければならないと従来から考えてきた。地域を想い、自ら動く、「地域の、地域による、地域のための専門家集団」として、2022年9月「とうほう地域総合研究所専門家プラットフォーム」を設立した。

　「福島に由来のある、福島を愛し、福島を想う」弁護士、公認会計士、税理士、司法書士、中小企業診断士、社会保険労務士、経営コンサルタント、企業経営者等の専門家に参画いただき、地元企業の経営者とともに考動する、まさに地域の「七人の侍」を目指している。

　金融機関における再生人材は限られている状況にあり、様々なネットワークの構築、勉強会などが必要と考えている。

　プラットフォームメンバーには、福島出身の上場企業の前社長をはじめとした

企業経営者にも参加頂き、経営者のメンターとして対応していく方針である。そのような意味合いからは、福島の「地域支援エコシステム」、「中間支援機関」とも言える。まだまだ始まったばかりの取組みではあるが、何としても確立させ、幅広く地域に広げていきたい。

「専門家プラットフォーム」は総勢30名を超える専門家集団であり、その一人ひとりが福島県に対して熱い想いを抱いている。専門家の方々の知識や経験を、福島県内の事業者の方々が気軽にかつ機動的に活用できる共通基盤、プラットフォームとしたことが、最大の狙いである。こうしたコンサルティングサービスの継続的な提供こそが、今の厳しい環境にある地域の現状に真に寄り添った取組みになるものと確信している。

Ⅵ 最後に

地域金融に働く多くの人々は、地域を愛し、地域に対する熱い想いを持ち、地域の繁栄を強く願っている。地域が持続的に発展するためには、できる限りのことをしたいと考えている。そのような地域金融の方々を皆さんに是非応援して頂きたい。混沌とした時代、先の見えない不透明な時代の処方箋は、地域に生きる人々の協働であり、全ての関係者の知見、想いの結集であると考える。我々が、本当に見るべきは、5年後、10年後の「地域」であり、そこにおられる「人々の営み」である。その地域に根差した、様々な課題解決策を提案できる存在の1つが地域金融であり、その「人財育成」に日々努めてまいりたい。

東日本大震災、福島第一原子力発電所事故直後の2011年8月、福島県で開催された第35回全国高校総合文化祭で福島県の女子高生が「福島に生まれて、福島で育って、福島で働く。福島で結婚して、福島で子どもを産んで、福島で子どもを育てて、福島で孫を見て、福島でひ孫を見て、福島で最期を過ごす。それが私の夢なのです。あなたが福島を大好きになれば幸せです。」というメッセージを発信した。福島を愛し、福島の再生に格闘する不撓不屈の精神は、それを支えようとする、心ある全国の人々と繋がり、確かに響きあっている。我々の挑戦

が、福島の復興の、地方創生の一助になれば幸いである。

参考資料
矢吹光一・高野浩一「『専門家プラットフォーム』の形成で地域内エコシステムを構築」金融財政事情2022年11月15日号

中小企業の早期事業再生を促進するために

株式会社商工組合中央金庫
経営サポート部コンサルティング室BX支援チーム
参事役・弁護士　濵井　耕太
クレジットオフィサー　乾　進一
クレジットオフィサー　水嶋　浩之

I　本稿の目的

　近時、中小企業の倒産や、資金繰り破綻を目前に地域外スポンサーへの譲渡に至り、清算価値保障ぎりぎりでの譲渡対価交渉を余儀なくされる、いわゆる追い込まれ型のスポンサー案件が増加し、地域経済の毀損が加速している。かかる状況を懸念し、国は「再生支援の総合的対策」において、金融機関に対し、「事業者の現状のみならず状況の変化の兆候を把握し、一歩先を見据えた対応を徹底すること」「事業者の経営改善・事業再生を先送りしないため、早期に経営再建計画等の策定支援を行うこと」を強く求めている。

　そのような「待ったなし」の状況で開催された本シンポジウムは、まさしく時宜にあったテーマであり、そこでは早期事業再生着手の重要性が強調された。

　事業者は、経営意欲ある限り自力再生を望み、地域に根差す金融機関も、可能な限り地域に事業を残し、地域経済の毀損を抑制したいであろう。そのためには、一時的に痛みを伴うとしても、早期に抜本的な事業再生に動くことがその可能性を高め、双方が被る損害も軽減されるはずである。

　そこで、本稿では、中小企業の事業再生に早期着手するため金融機関にできる貢献の仕方を検討し、（些か宣伝めいて恐縮ではあるが）早期事業再生着手による自力再生を後押しするため当金庫が注力している「自力再生支援のための武器」

を紹介させていただきたい。

Ⅱ　早期の事業再生着手に向けて

1　早期着手における金融機関の役割と現状

　金融機関は早期事業再生の端緒を開くためのメインプレーヤーと位置付けられる。なぜなら、事業者が自ら専門家に頼る必要性を感じアクセスしたときには大多数が資金繰り破綻間近、病気に例えれば自覚症状が明確になり、余命が意識されるような段階である。その段階ではほとんどが自力再生には手遅れであり、その前段階で再生着手への働きかけが必要となるが、そこで事業者と対話の機会を持てるのはほぼ金融機関のみだからである。また、取引金融機関は事業者の重要な取引先ゆえ、耳の痛いことを言っても無碍に面会を断られにくく、経常的に働きかけを継続できる。

　したがって、早期再生を促進するには、我々金融機関が早期に有事の予兆を感知、事業毀損の兆候把握に努めることに加え、少しでも早い段階で、①個々の事業者の個性や置かれている状況につき正確に現状認識を持った上で、可能な限り特性とニーズに合致した専門家による支援導入を適時適切に提案し、その目的たる事業再生の必要性を説得的に説明し続けること、②資金繰り懸念が生じないうちに、事業再生の必要性につき共通理解を醸成すること、が重要となろう[1]。

　もっとも、金融機関には、「債権カットはあらゆる手段を尽くした後の最後の手段」という意識が根強く存する。かかる意識と、事業者の「なるべくステークホルダーに迷惑はかけたくない」「ギリギリまで自力で業績改善に取り組みたい」といった願望が合わさると、①事業者に有事の兆候が生じていても、それを検証せずに安易に追加融資を行う、②既に抜本的再生支援を要する兆候があるに

---

1)　本シンポジウム第2部で議論されていたように、「経営者とのコミュニケーション」をしっかりと取り、「正確な現状認識」を行った上で債務者企業の抱えている「問題に応じた専門家を紹介」し、適切な手続に乗ってもらうことができれば望ましい。

もかかわらず、窮境原因、実質債務超過の程度、正常収益力等をしっかり把握することなく安易にリスケ支援を選択してしまう、等の事態が起こりがちである。

一旦そうなると、リスケ後に「あらゆる手段を尽くす」こともなく、希望的観測のもと自助努力による事業の自力回復を祈りつつ、資金繰りに問題が生じるまで月次業績を後追い確認するのみのモニタリングでお茶を濁して徒に時を重ね、自力再生が手遅れになるまで事業毀損が進んでしまう。

2　現状打破に係る試案

このような状況を打破するため、紙幅の関係で限定的ではあるものの、1つの方法を提案してみたい。

まず、事業者と最前線で交流する営業店の配属人員は減少傾向にあり、1人が担当する事業者数も増加している上、昨今の中小企業が対処すべき経営課題は複雑多岐に亘る[2]。職員は、多数取引先から求められる多様な課題解決に日々取り組むも、どうしても興味関心の違いや得意不得意分野のバラつきは出てしまう。ただ職員個人の自助努力に任せるだけでは、専門知識やノウハウの欠如と多忙による業務・コミュニケーション負荷から、債権者、債務者双方に大きな負荷がかかり短期的には成果が見え難い事業再生への着手先送りが生じよう。

そこで、専門知識やノウハウについては、組織の知力を活用し、最前線職員の業務負荷と専門知識を補うことで、先送りを抑止できないか。金融機関は多数の人員と専門部署を設置する大組織であり、失敗例を含めて膨大な過去事例[3]やノウハウが生み出されている。そして、情報の整理分類、蓄積、検索は年々容易になり、web会議機能やビジネスチャット、音声入力、生成AI等の発達により、コミュニケーション負荷は劇的に低下している。また、名刺管理アプリ等に名刺情報や接触者履歴等が日々記録され、それを活用すれば幅広い専門家へアクセス

2） 例えば、人手不足、省力化投資・DX化、為替ヘッジ、コスト増加分の価格転嫁交渉、下請法対応、脱炭素経営、ウェルビーイング経営やDE&I、人権リスク、マーケティング、2024年問題を背景にした物流慣行の是正、金利リスク、事業承継等の問題等が挙げられる。
3） 当金庫の例でいうと、債権放棄を伴う私的整理案件であれば年間平均60件強程度処理され、交渉記録や再生計画等が蓄積される。

可能である。

　したがって、最前線職員が、財務アラート[4]設定による自動検知等のシステム補助も活用しつつ、異変を見つけたら本部専門部署や組織内の知見者がいそうな所に「ちょっと聞いてみる」ことで組織知に容易にアクセスする仕組みを作る。その後はweb上で多数の目を通しクロスファンクショナルに検討を進め、必要があれば知見者を通じ組織外にも連携を広げていく。これにより職員個人や担当ラインの再生着手提案への心理的障壁を低下させ、組織全体で早期の兆候把握や再生着手にアンテナを高く貼る形で対処していけないか。

　財務諸表その他の資料確認、面談等によって収集した定量データや定性情報から財務・管理状況を把握し、事業者とコミュニケーションを図りながら事業者の経営課題を見出す能力は、金融機関職員共通に求められる必須スキルである。これをベーススキルとし、事業者の経営課題へのアプローチを複数の視点で深掘りしていけば、少なくとも事業毀損の端緒、違和感等の有事の予兆感知は可能と考える。

　感知した予兆にどう対処するかは難問であり、一定の経験とノウハウが必要になるだろうが、それを最前線職員のみに求めるのではなく、テクノロジーを活用し、専門部署をはじめとする組織知を結集して補完していく。

　そのためには、①金融機関特有の厳格な業務オペレーションの軽量化やシステム化による作業負荷軽減により、まずは組織知へアクセスするためのリソースを確保すること、②情報の整理分類と一元化により組織知を蓄積し、その散逸防止を図ると共に検索性を高めて情報アクセスコストを極小化すること、③日頃から本支店間、部署間の人材交流を深め緩く繋がっておき、情報共有がしやすい組織文化[5]を醸成してアクセスの心理的負荷を極力減らすこと、④電子掲示板、チャット等の気軽に利用できるツールを活用し情報伝達負荷を極小化すること、等が重要となろう。

4）　財務指標が一定以上悪化した場合に自動で通知・警告する機能。
5）　事業再生への組織としてのコミットメントを前提に、職員の心理的安全性を確保し、フラットな組織運営を行う企業風土の醸成が望まれるが、これらの整備は経営の仕事であろう。

もっとも、事業者接点に係るラストワンマイル部分では、直接向き合う職員の人間力が厳しく問われることは避けられない。事業者の生死がかかる再生局面での伴走支援には、知識、経験、情熱、覚悟、誠実性が問われる。ここだけは、専門部署職員のアドバイスや同席等による補助を得ながら、日々研鑽を積み、事業者と膝詰めで誠実に向き合い信頼関係を積み重ねていく他ないだろう。

　訪問時にただ御用聞きをするだけでなく、経営課題に関する仮説を立て、「困っているのはこの点ではないですか？」と課題を探り、発見した課題に対して適切なツールや人脈を探し、紹介を重ねることや、特に事業毀損が生じている企業には、普段から、なぜ今資金を貸せないのか、どう改善したら可能性があるのか、という議論を積み重ねていくことも、信頼関係構築に資するものと考える。倒産法や事業再生の知識を得ることにより、今後の展開への予測可能性を高めることも、「厳しく言うとトリガーを引いてしまうのではないか」、との過度な恐れや忖度を排し、「経営者にとって耳の痛いこと」を直言し、対等な立場で事業者と向き合い信頼を得ることに資するだろう。

3　早期廃業支援の重要性
──経営資源の引継による「失業なき廃業」を目指して

　話は変わるが、廃業支援に係る問題提起をさせていただきたい。

　近年、中小企業の生産性向上のため、人的資源や技術ノウハウ、顧客基盤等の経営資源集約が推進される中、事業の終了や縮小時、保有する価値ある経営資源を他の事業体、自治体その他の団体に譲渡し、事業活動に活用してもらうプロセスである「経営資源の引継[6]」が増加している。

　早期（租税公課滞納前）に廃業型の「中小企業の事業再生等に関するガイドライン」（以下、本稿では「GL」という。）に着手し、まずは事業譲渡を目指し、次に少しでも多くの経営資源の引継を目指す。という流れが作れれば、地方に根強く残る破産の忌避というニーズに応えつつ、地域経済へのダメージを軽減できる

6）　経営資源の引継の重要性については、岸田康雄「経営資源引継の重要性とその展望」（https://t-smeca.net/202406_tokyo01/）に詳しい。

のではないか。2011年以降に経営資源の引継を行った事業者の半数以上は従業員を引き継いでおり[7]、雇用維持や人口流出[8]抑止にも資するはずである。

　経営資源の引継を行う場合、事業を構成する一部分を引き継ぐ[9]こととなるため、大多数のケースで弁済計画策定前の譲渡となろうが、第三者支援専門家が手続開始当初から関与し、譲渡プロセスや価格の適正性、売却代金の管理体制等について意見等を述べることにより、一定程度は透明性が確保されるような仕組みが構築できないか。計画前事業譲渡と併せ、GL の Q&A 等で考え方の指針等が示されることが望まれる。

　このような「失業なき廃業」を可能な限り目指すことにより価値ある経営資源の地域からの離散を防ぐ手段として、廃業型 GL が有効に活用されることが望まれる。

Ⅲ　事業再生ファンドによる常駐型ハンズオン支援

1　はじめに

　当金庫では中小企業がコロナ禍で増加した債務等により身動きが取れなくなる前に早期の事業再生支援に着手できるよう、2024年2月に中小企業再生ファンド（以下、本稿では「再生ファンド」という。）である「サザンカ中小企業活性化ファンド」（以下、本稿では「本ファンド」という。）を組成した。ここでは、本ファンドについて述べると共に、そもそも再生ファンドとは何かについても述べることとする。

7）　深沼光・原澤大地・中島章子「中小企業における経営資源の引き継ぎの時系列分析」日本政策金融公庫調査月報188号（2024年）10頁。
8）　人口減少、衰退に直面する地域では、地域に働き口があることは大変重要であり、なくなれば、人口の流出に直結する。特に、地元企業に勤め、その地域に家を買い住宅ローンを支払っている従業員にとっては、働き口の喪失は住居の喪失および地域からの離脱に直結する。
9）　ほとんどのケースでは事業の一部譲渡との境界は曖昧であり、グラデーションを成していると思われる。

2　再生ファンドとは

(1)　概　　要

　事業再生ファンドとは、「再生可能性のある事業を持つ企業に対して投資を行い、再生計画等に基づき、リスクマネーの供給、ハンズオン支援の実施等により事業価値を高めた後に、株式や事業の売却または債権のリファイナンス等により利益を得ることを目的とするファンド」をいう。そのうち、再生ファンドは、地域金融機関、信用保証協会等に加えて、中小企業基盤整備機構（以下「中小機構」という。）からの出資も受けた公的な性格を有する官民一体型の事業再生ファンドを指し、特に中小企業の事業再生の促進を図ることを目的とする[10]。

(2)　投資対象、投資手法

　再生ファンドの主な対象は、過剰債務等により一時的に経営状況が悪化しているものの本業には相応の収益力があり、財務リストラや事業再構築により再生が可能な中小企業となる。対象先のイメージは、過去の投資失敗や外部環境の変化等により売上高や利益が減少しているものの窮境原因の除去が可能であり、一定の収益力があるか収益改善が見込まれる、すなわち EBITDA や FCF がプラスまたはプラスに改善する見込みがある先となる。事業再生ステージで言えばプレ再生計画の出口のタイミングや、収益は改善しつつあり事業承継のタイミングが来ているものの、今の債務超過や借入の状況ではいつまでたっても実抜計画を作成することが難しい先が対象ゾーンに当てはまる。

　その主な投資手法は、①金融機関等からの債権買取、②投資対象企業に対する出資、③投資対象企業への貸付、社債引受、となる。②および③はファンドが

---

[10]　再生ファンドは、2003年に深刻化する産業サイドの過剰供給構造と過剰債務の問題を解消するため「産業活力の再生及び産業活動の革新に関する特別措置法」が改正され、中小企業の再生支援強化のために、中小機構（当時の中小企業総合事業団）の業務内容に再生ファンドへの出資事業が追加され誕生した。当時の「リレーションシップバンキングの機能強化に関するアクションプログラム」もあり複数の再生ファンドが組成された。その後も2012年の「中小企業金融円滑化法の最終延長を踏まえた中小企業の経営支援のための政策パッケージ」以降、多くの再生ファンドが組成されその地位や役割も定着してきたところである。

ニューマネーを供給するものである。投資期間は、対象企業の状況により様々であるが3年から5年が一般的である。投資期間中は、ハンズオン支援により、再生計画の実行支援、財務資金管理支援、経営・組織体制の再構築等、ガバナンスをファンドが握った上で対象企業の事業再生、将来的な自走を目指す。そして、再生完了後は、債権においては地域金融機関からのリファイナンス、株式においてはEBO、MBO、M&A等によりEXITを図る[11]。

前述のとおり、再生ファンドは、公的な性格を有しており、その運営のために一定の利益を稼得することは必要だが、利益追求自体を目的とはしておらず、中小企業の事業再生を促進し、もって地域経済の活性化に資することを使命としている。そのため、投資スキームの検討に当たっても、対象候補先企業の事業・財務・組織等の状況はもとより、金融機関における当該企業との間の取引状況や経緯などの内部事情、地域経済への影響等も勘案しながら、対象候補先企業の事業再生の可能性を少しでも高める様々なスキームを検討することとなる[12]。

(3) メリット

再生ファンドを活用する投資先にとって、ニューマネー機能といった定量的なメリットの他、定性面での主なメリットは、ハンズオン支援である。ファンドによるハンズオン支援を受けることで、①投資先にとっては、事業性・成長性向上が図れ、②経営陣や従業員にとっては、次世代の経営人材への事業承継やガバナンス再構築により経営力・組織力が向上し、③再生計画の実行可能性が高まることで今後の金融支援を得やすくなる、というメリットがある。この3つが結びつくことにより事業再生の成功、事業価値向上の蓋然性が高まるだけでなく、投資

---

[11] 本シンポジウム第2部の三枝弁護士の「官民ファンドというのは、一般的には、自主再建を支援・補完するものとして、完全に自力で再生ができないときに、官民ファンドに依頼して支援してもらう」というご発言はこのような意味に繋がる。

[12] ファンドと聞くと金融機関の職員でもまだ身構えてしまうこともあるが、再生ファンドとしては、案件を一緒に作りこんでいくことが対象企業の事業再生や金融機関にとっても資するものと考えていることから、対象企業の事業再生に係る打ち手が相応に残っている早期の段階で相談してもらえるとありがたい。併せて、本シンポジウム第2部の吉田室長のご発言のように「官民ファンドがファーストコール」になることがより浸透するとありがたい。

先がより筋肉質に自走できる仕組みが構築される。

　他方、金融機関にとって、回収額増額といった定量的なメリットの他、定性面での主なメリットは、ファンドが関与することで、①中長期的な事業再生支援を行うため、地域経済の活性化目線で事業再生が可能となる、②ファンドと協働して事業再生支援に取組むことでコンサルティング機能の強化、伴走型支援にも役立つノウハウの吸収が可能となる、③ファンドが主債権者や主要株主となることで投資先のガバナンスが強化され、ハンズオン支援により事業再生成功の蓋然性が高まる、④事業再生完了後には、取引の継続や再開が可能となり与信残高の増加に寄与する、⑤金融機関や公的機関が出資するファンドであるため、金融行政方針に則った地域での事業再生支援の取組に対してアピールすることも可能となる。

　加えて地域経済の観点から見ても、地域にとって大切な事業であるかといった地域経済の目線、雇用の維持、取引先の連鎖倒産防止やエコシステム維持といった社会・政策性の目線もファンドの投資検討のポイントの1つとなる。そのため、ファンドは地域経済の活性化にも寄与するというメリットもある。

3　サザンカ中小企業活性化ファンド[13]について

(1)　組成背景、目的

　当金庫では経営改善・事業再生支援の専門部署であり、取引先のハンズオン支援に注力する部署として2018年に経営サポート部を創設以降、基本的に貸出債権者の立場で取引先の経営改善や事業再生に努めてきた。

　係る中、コロナ禍で過重債務の企業が増加し、どのようにして地域に当該企業を活力ある形で残していくかということを検討した結果、豊富な事業再生コンサルティング・ファンド経験を有し、ハンズオン力に優れたロングブラックパートナーズ[14]と協働してファンド運営会社を設立し、株主として経営改善・事業再生

---

13)　「サザンカ」は冬にも負けず花を咲かせることから、「困難に打ち克つ」意味合いを持つ花であり、弊社と投資企業との伴走支援プロセスにおいて、「不屈の精神」で共に困難を乗り越えていくことを連想し、ファンド名称を命名した。

に深く入り込む必要があるとの結論に至った。

　本ファンド組成により、中小企業がコロナ禍で増加した債務等により身動きが取れなくなり法的整理や追い込まれ型のスポンサー案件となる前に、後継者と現場志向のファンドメンバーが一緒になって事業再生に集中することで、①地域に着目し、②中長期的な目線で、地域中堅・中小企業の再生の可能性を高めていくことができると考えた。併せて、地域金融機関の出資参加者と共にこの経験を共有することで、ノウハウ蓄積・人材育成につなげていきたいと考えた。

(2)　ファンド概要、特徴（常駐型ハンズオン支援）

　本ファンドは、当金庫の投資専門子会社である商工中金キャピタルとロングブラックパートナーズが合弁で設立したサザンカパートナーズが運営会社となり、対象エリアを全国として2024年2月29日に組成された。同年12月現在、ファンド総額は87億円となっており、100億円の規模を目標に2025年5月末のファイナルクローズまで募集活動も並行して行っている。

　本ファンドの最大の特徴は、ファンドメンバー自らが投資先に役員等として入り込む現場常駐型のハンズオン支援を提供する点である。

　本ファンドのハンズオンは、具体的には、①投資前に現場常駐を通じて対象事業の事業性を見極める。具体的には、事業性は先ず「キャッシュフロー創出力があるか」を検討し、次いで「キャッシュフローが持続するか」を組織面・経営面の観点で検証する。②事業性を確認した後は、次世代人材（キーマン）との再生計画を協働で練り込む（俗にM&A後のPMI実行計画を100日プランと呼ぶが、本ファンドは投資実行前に現場常駐による計画、アクションプランの共同策定（マイナス100日プラン）に取組む[15]）。③投資後は、ファンドメンバー自らが経営人材として事業再生を推進する。マイナス100日プランによって信頼関係を醸成した状況で投資実行を迎えるため、次世代人材との円滑なチームワークが形成されている。

---

14)　ロングブラックパートナーズ株式会社は設立以来16年間、中小企業に対して現場常駐スタイルで再生支援を実行してきた。また岡山・北海道における設立10年以上の地域再生ファンド運営会社においても、投資先企業に対する人的支援を実施してきている。

①②の関与を通じて次世代人材の能力や組織、会議体の成熟度を見極め、ハンズオン水準を決定する。いずれの投資先にも投資当初数ヶ月は深く常駐関与する。その後も次世代人材の成長度合いや会議体の成熟度が低ければ代表取締役の常駐派遣を行うケースもある。

さらに、事業基盤の著しい毀損や資金繰り懸念が生じた投資先に対しては迅速にファンドが緊急的な追加人員派遣対応を行い、危機的状況からの脱却を主導することも、本ファンドの特長である[16]。

4　早期再生のツールとして（小括）

そもそもコロナ前からM&Aは盛んに行われ事業再生においてはスポンサー型が多くなっているところ、近時の案件では、自力での再生が難しく、資金繰りが厳しくなって漸く私的整理の枠組み利用に至る追い込まれ型のスポンサー案件が多くなっており、その中で、再生ファンドは、事業スポンサーが見つからなかった際の「ラストリゾート」的に見られているのではないかという印象も受ける。すなわち、自力での再生が難しい段階での私的整理となることから、最初からスポンサー型（事業スポンサー、財務スポンサー両方）としてスポンサー探索を行うも、何十社、場合によっては100社近くあたってもスポンサーが名乗りを上げない際、最後の頼みとして再び再生ファンドに声がかかるケースがある。たしかに、雇用や地域経済を鑑みた場合、最終的に地元の再生ファンド等がスポンサーとして支援することは、それなりに意義はあるかもしれない。しかし、スポンサー探索の間にも経営陣や従業員は疲弊し、設備等の老朽化は加速し、事業価値

---

15) 基本的に再生計画は、自力再生型に準拠した数値基準を充足する内容となる。この場合、金融支援額は事業譲渡対価等の入札額で決まるのではなく、数値計画によって金融支援額が産出される。このため、支援対象の金融機関にとっては、スポンサー型における清算価値に近い金融支援額に比して、納得感の高いものとなり、また、一般的に非保全配当率もスポンサー型より高くなる傾向がある。

16) 常駐型ハンズオン支援の目的は投資先の事業再生の蓋然性を高めることや投資後も自走できる筋肉質な組織、仕組み造りにあるところ、常駐ハンズオンにより投資先の業況悪化や経営環境変化等が発生した場合には、即時に経営情報をキャッチできる（予兆管理）ことから、追加人材を派遣する等、迅速に的確な対応をすることで、事業価値毀損を回避できる可能性が高まるという目的、メリットもある。

の毀損が進む中、ファンドは全力で投資先と一丸となって事業再生に取組むものの、早期でのファンド活用に比して再生への道のりは長いものとなる可能性は高いのではないだろうか。そうならないよう、早期での事業再生を図るため、自力再生を後押しする局面で財務スポンサーとして活用するのが本来の再生ファンドの活用タイミングと考える[17]。我々金融機関が早期に有事の予兆を感知し、有事の際は、先ずは自力での再生可能性を見極めた上で打ち手を考える≒早期再生の目線・意識を持つことが重要であり、それが再生ファンド本来の活用やメリットの最大化に繋がると考える。

Ⅳ 事業再生を成し遂げた企業の「出口」における金融正常化支援

1 はじめに

本シンポジウムでは、早期事業再生実現に向け、債権者である金融機関に求められる役割についてパネルディスカッションで活発な議論がなされ、Ⅱでもその重要性について触れている。

一方、財務毀損は大きくとも再生可能性や事業性を十分に有し、関係者の早期事業再生実現に向けた取り組みが奏功した結果、Ⅲで述べた「サザンカ中小企業活性化ファンド」等の再生ファンドを活用したスキームも含めて自力再生が実現した（もしくは実現する可能性が高い）事業者においても、①借入金の返済条件変更や債権放棄といった「過去の金融支援の事実」や「過剰債務状態にあること」のみを理由に、自力再生を果たしたはずの事業者が十分な支援を得られず再生ファンドのEXITや運転資金確保、成長投資に支障をきたすケースや、②一部金融債権者と支援の目線・方向性が合わない等の理由で再生スキーム成立に支障を

---

[17] 前掲（注11）にも関連するが、本シンポジウム第2部の三枝弁護士の「（官民再生ファンドは、）いわゆる第三者スポンサーとは、経営への関わり方、スキーム、投資の仕方が基本的に異なりますので、第三者スポンサーと官民ファンドを競争させるということは必ずしも必要ではない。同じファンドでも、その性質が全く違うので、なじまないのではないかと考えています。」というご発言とはこのような意味で繋がる。

きたすケースが存在すると感じている。

　ここでは、当金庫が有する「貸出」機能を中心としたフルバンク機能を積極的に活用することで、自力再生を成し遂げた（もしくは成し遂げる可能性が高い）にも関わらず、何らかの理由で支援が十分に及んでいない事業者に対して、金融正常化支援や成長マネー供給を図ることで、対象事業者の「事業再構築（Business Transformation）」や「地域経済活性化」に貢献することを目指す当金庫の「BX支援チーム」と、当チームが取り組む「EXITファイナンス」についてご説明したい[18]。

2　BX支援チームの取り組み

　BX支援チームは、地域金融機関や金融仲介機能を持たない再生支援機関・再生専門家といった中小企業の事業再生支援に携わるステークホルダーの皆様との連携強化を図りながら、窮境からの再生を目指す事業者を金融面からサポートし、当該事業者の「事業再構築（Business Transformation）」や地域経済の活性化に貢献することを目指し創設された、抜本再生支援・再生ファイナンスの専担部署である。

　当チームは、過剰債務を抱え窮境に陥ったことにより、営業キャッシュフローを相応に確保できる等、事業の再生可能性が十分あるにも関わらず、資金が調達できず苦しむ事業者に対し、窮境にある（または過去あった）という事実のみに囚われずに、金融目線に留まらない多面的な視点でその将来性を評価することにより、再成長マネーを提供して事業再生に貢献することを目的とする。また、当金庫の取引有無や取引地位に関わらず案件検討を行っていることから、再生支援機関・再生専門家の皆様から新規先として直接ご相談の持込を受け、検討の結果、支援実行・新規取引開始に至ったケースも数多く存在する。

　このような取り組みは、従来の一般的な金融審査の範疇に収まらないため、様々なバックグラウンドを持つ事業再生専門家出身の社員（弁護士、公認会計

---

18)　BX支援チームは経営サポート部の部内チームとして2021年４月に創設されたのち、一層の取り組み強化を図るべく2022年10月にコンサルティング室に組織化された。EXITファイナンスを始めとした当チームの取組事例は、タックス・ロー合同研究会編著『〔改訂〕事業再生・廃業支援の手引き』（清文社、2024）114〜118頁でも触れられている。

士、中小企業診断士）とプロパー社員との混成チームを組んで案件対応にあたっている。

　検討に際しては、①金融支援を受けるに至った背景にある窮境要因が既に解消されている（または解消できる具体的な見通しがある）か、②EXIT後の返済見通しが問題ないと判断できる水準までのキャッシュフロー改善の実績が出ている（または具体的な改善見通しがある）か、③経営陣・後継者による自力再生に伴走する形での支援となることから、ガバナンス・情報開示に問題なく、将来に渡り良好なリレーションが構築できるか、といった点を丁寧に調査・確認し、対象事業者の再生可能性を見極めた上で支援決定を行っている。

3　支援事例

（1）　Ａ社：再生ファンド保有債権のリファイナンスをアレンジメントした事例

　Ａ社は衣料品の企画・卸売業者である。創業家の放漫経営や多額の為替デリバティブ損失発生により財務毀損し、再生ファンドの支援を得て再建を進めていたものの、ファンド関与後にコロナ禍に見舞われ売上が大きく減少し、多額の赤字を計上することとなった。直近ではコロナ影響の収束に加え、ファンドによるハンズオン支援を得ながら徹底的なコスト削減・利益率改善施策に取り組んだことが奏功し、安定的に黒字を確保できる体質となっていた。しかしながら、コロナ禍による多額の赤字計上の影響により、EXIT検討のタイミングにおいても債務超過が残っており、ファンド債権のリファイナンスに応じる金融機関の招聘が難航する状況にあった。

　ファンドから相談を受けた当金庫はＡ社の事業性評価に取り組んだ。その結果、①財務面の毀損はあるものの、ファンド支援のもと進めた収支改善策が定着し効果を上げており、今後も安定的な利益確保が見込まれること、②ファンドによる支援は受けているものの、日々の業務執行はプロパーの幹部社員によって適切に行われていることから、ファンドEXIT後の「自走」が十分可能と判断された。このようなＡ社の「事業性」を踏まえて当金庫は新規取引ながらメイン化を決断し、プロパー幹部社員を後継者として代表権と株式を承継するタイミングに

合わせて、当金庫を主幹事としたシンジケートローンと相対融資を組み合わせたリファイナンススキームを構築し支援実行に至った。

また、A社は経常的に短期運転資金の調達を必要とする資金繰り構造にあった。そこで、ファンド債権のリファイナンスに加え、収支・資金繰り計画の予実について月次報告を義務付ける厳格なコベナンツを付し極度枠の利用管理・モニタリングを行う前提でコミットメントラインを新設し、EXIT後の運転資金枠をコミットすることで、新経営陣が資金繰りに不安を抱えることなく経営に注力できる仕組みを構築した。さらに、本案件ではコロナ影響による財務毀損への対応としてリファイナンス資金の一部に将来FCFで弁済可能と見込まれる範囲で日本政策金融公庫より「新型コロナ対策資本性劣後ローン」による協調支援を得て財務体質の強化を実現した。

(2) B社：GOOD会社に対して実質的な財務スポンサーとして支援を行った事例

B社は洋服生地・装飾品の卸売業者である。過去の多額の為替デリバティブ損失発生により財務毀損し、新規資金調達が困難な状況にあった。しかし、資金負担が少ないコミッションビジネスの商流に転換を図るとともに、代表者の卓越した商材発掘センスを活かして新たな商材を積極的に開拓し、直近では新規商材の1つがロングヒット商品となり安定的な売上確保に繋がったことで、大幅に収支改善が進んでいた。

係る中、代表者が70歳を迎え後継者候補の親族外役員に対する事業承継を検討したものの、後継者候補は多額の借入を抱えたままでの承継に難色を示し、このままでは代表者に万一の事態が発生した際には後継者不在で経営破綻に陥る可能性が極めて大きい状況にあった。

B社の財務アドバイザーから相談を受けた当金庫は、経営者および後継者候補との面談や主要商材の販売店舗実査、財務資料の検証等を通じた事業性評価を丁寧に行った。その結果、①後継者候補の力量が十分にあること、②過剰債務を抱えてはいるがコロナ禍の中でも黒字維持する等収益力を相応に有していることを踏まえると、当面は現経営者のサポートは必要ではあるものの、正常収益力に見

合った水準まで金融債務を圧縮できれば承継後の事業継続は十分可能と判断し、中小企業活性化協議会や代理人弁護士をはじめとした支援機関・専門家と連携し再生スキーム構築のサポートに取り組んだ。その上で、当金庫は実質的な財務スポンサーとして、後継者候補が設立した新設会社に対して、新設会社が承継するB社事業の分割対価の原資として事業価値相当額の資金対応を行うことで、再生スキーム成立に貢献した。

4 金融機関の「貸出」機能を活用した「出口」支援の重要性に関する考察（小括）

過剰債務を抱える中小企業が自力再生を目指すにあたり、不足する経営資源の補完やガバナンス強化の観点から、再生ファンドの有効活用は当該事業者の再生を強力に後押しすることに繋がると考える。しかしながら、A社事例のように、再生ファンドを活用したスキームではファンド債権のリファイナンスの局面において金融機関の協力が必要不可欠である。また、場合によってはB社事例のように金融機関が事業者の自力再生を直接後押しすることも可能である。さらに、自力再生を果たした事業者が成長投資を検討する際に新たな資金調達が必要となれば、ここでも金融機関の支援が必要となる。すなわち、自力再生の「出口」においては、金融機関の「本業」であり、再生支援機関・再生専門家の皆様が持たない金融機関の極めて強力な機能である「貸出」機能が必要不可欠なものとなるのである。したがって、「待ったなしの中小企業事業再生」を考えるうえでは、金融機関が再生支援機関・再生専門家の皆様とこれまで以上に密に連携しながら自力再生の「入口」にしっかり取り組んでいくことに加えて、その「出口」においても積極的に関わり、金融機関にしか出来ない役割を発揮することが中小企業の自力再生を実現し、地域に事業と雇用を残していくために極めて重要ではないだろうか[19]。

---

[19] 2024年3月8日付『「再生支援の総合的対策」を踏まえた事業者支援の徹底等について』においても、「官民金融機関や信用保証協会においては、再生ファンドのエグジット対応や再生計画実行中のリファイナンスにおいて、過去の債務免除等の事実だけを以って融資や保証審査の判断を行うのではなく、足元の事業計画等を踏まえて、個々の事業者の実情に応じた柔軟な対応に努めること。」との要請がなされており、「出口」支援の必要性に言及されている。

当金庫としても、自力再生の出口における「EXITファイナンス」のトップバンクを目指し、中小企業の事業再生に携わる支援機関・専門家・金融機関の皆様との連携をより強固なものとするとともに、引き続き個別の案件対応を通じた事業者支援に取り組んでまいりたい。

V 結　語

　当金庫は、昭和恐慌により、多くの中小企業が危機的状況に陥る中、その救済を目的として設立された。多くの中小企業が外部環境の激変や内部環境の経年劣化等を起因として危機的状況に陥る中、その救済に取り組むことは、まさに当金庫の存在理由である。今後も、お客様にとっての雨の日に傘を出す金融機関であり続けるとともに、事業性評価を起点とした伴走支援により、お客様に親しみやすいホームドクター的な立場で事業再生を支援し、お客様の存在する地域に少しでもその想いや経営資源が残るよう、研鑽を重ねていきたい。

＊　本稿のうち、意見にわたる部分は個人的見解であり、筆者らの所属する組織の見解を示すものではない。

（Ⅲ　執筆協力　ロングブラックパートナーズ㈱　代表取締役兼サザンカパートナーズ㈱代表取締役　公認会計士　牛越直）

待ったなしの中小企業事業再生を考える

2025年3月25日　初版第1刷発行

編　　者　　事業再生研究機構

発 行 者　　石　川　雅　規

発 行 所　　㈱　商　事　法　務
　　　　　　〒103-0027　東京都中央区日本橋3-6-2
　　　　　　TEL 03-6262-6756・FAX 03-6262-6804〔営業〕
　　　　　　TEL 03-6262-6769〔編集〕
　　　　　　https://www.shojihomu.co.jp/

落丁・乱丁本はお取り替えいたします。　印刷／そうめいコミュニケーションプリンティング
©2025 事業再生研究機構　　　　　　　　　　　Printed in Japan
Shojihomu Co., Ltd.
ISBN978-4-7857-3147-2
＊定価はカバーに表示してあります。

|JCOPY|＜出版者著作権管理機構 委託出版物＞
本書の無断複製は著作権法上での例外を除き禁じられています。
複製される場合は、そのつど事前に、出版者著作権管理機構
（電話03-5244-5088、FAX 03-5244-5089、e-mail: info@jcopy.or.jp）
の許諾を得てください。